San Juan Bosco

Padre, maestro y amigo

Alfredo Barra

Colección Vida de Santos

SAN JUAN BOSCO
Padre, maestro y amigo

Autor: Alfredo Barra
Editora: Blanca Castro Iturrieta
Diseño: David Godoy
Fotografías: ACI Prensa/WordPress
Código ISBN 9781073351589
Vendido por: Amazon USA / Edición papel y digital
Idioma: Español

Índice

- Presentación 7
- Nacimiento en post-guerra 9
- Sueño premonitorio 14
- Sus primeras letras 18
- Su primera confesión 23
- Nuevas aflicciones 28
- Su apostolado 34
- Ingreso al Seminario 38
- Su sueño cumplido 42
- La miseria directa 47
- La apología 54
- Curaciones por oraciones 59
- Tendiendo puentes 62
- Consolidando la obra 66
- Siempre agradecer 71
- Refugio y trabajo 77
- Los obstáculos políticos 81
- Las niñas Salesianas 91
- Sus dolores 95

Presentación

Mientras los hombres exitosos han llenado su vida con emprendimientos materiales, San Juan Bosco lo hizo con obras educativas y religiosas que apuntaron al corazón de una juventud sin destino.

Asumió como padre de millares de huérfanos y pobres. Fundó dos grandes familias religiosas, de donde nacieron las congregaciones Salesianas y las Hijas de María Auxiliadora, hoy en 130 naciones. Moldeó muchas almas con sus buenos consejos y se valió de su talento de escritor para proyectarlos. Hoy llevan su nombre poblaciones, provincias, parques, calles, teatros, museos, universidades y sobre todo colegios, en todo el mundo.

Tuvo sueños proféticos: la Virgen le habló en varias oportunidades. Y por su obra, la Iglesia lo ha descrito como un ángel mensajero de Dios en la Tierra. ¡Qué trabajo tan especial el suyo!

¿Era un superdotado? ¿Sus cualidades eran tan distintas a las de otros? ¿Nació entre la riqueza y el poder? ¡Nada de eso! Su leyenda dorada no proviene de la opulencia ni de facultades especiales que se le entregaran, sino del simple hecho de asumir la humanidad con una visión mucho más clara y generosa.

Criado entre las necesidades típicas de una familia campesina, con un padre que muere tempranamente, un hermano mayor disociador y una madre que apenas sabe de letras, Juan Bosco asume sus responsabilidades como un niño grande para seguir el llamado de la Virgen María, que lo exhorta a encabezar el rebaño de una juventud desvalida, ante una post-guerra devastadora que no sabe cómo recuperarse del desastre social y político que la abruma. Emergen entonces sus cualidades humanas, traducidas en saber escuchar, ver y sentir en la dirección correcta.

Valga su ejemplo para tantos jóvenes que hoy vagan en los paraísos artificiales, disponiendo de mucho más que este niño pobre, que ansiando el sacerdocio, logra cumplir su objetivo para hacer realidad la demanda divina.

Mucho se aprende de él al recorrer su trayectoria tan llena de hechos y anécdotas, pero se aprende mucho más al observar la simplicidad con que lo hizo todo.

Nacimiento en post-guerra

Cuando nace Juan Bosco, el 16 de agosto de 1815, pleno siglo XIX, está en proceso la unificación italiana bajo el reinado directo de los Saboya.

Al culminar las guerras napoleónicas, los campos que antes fueran frondosos quedaron devastados por la intensidad de la lucha y el peligro de la hambruna que acechó a los campesinos. Ante la dramática situación aumentó la emigración de los obreros hacia las ciudades, en especial de niños y jóvenes empobrecidos en busca de alimentos y de algún trabajo para subsistir.

Francisco Luis Bosco, viudo, con un hijo, Antonio, de su primer matrimonio, fue uno de los pocos asalariados agrícolas que permaneció en el Norte de Italia, en el poblado de I Becchi, en el mismo Piamonte, donde las tropas de Napoleón habían destruido casas y campos. Su trabajo consistía en devolverle a la tierra las propiedades nutritivas y el sembradío de verduras y hortalizas, también el cuidado de ganado.

La comida era escasa y el salario pequeño. Pero lo que más preocupaba a Francisco era la educación de su hijo Antonio, difícil tarea después de una guerra tan destructiva. El niño pasaba solo con su abuela y estando en su etapa de crecimiento ya requería de los oficios de una madre para cuidarlo y formarlo. De tal manera que al conocer en el transcurso a una bella jovencita, el padre se enamoró de ella y tiempo más tarde se casaron. Ella era Margarita Occhiena, de cuyo matrimonio nacieron José y Juan Bosco.

Pese a la pobreza en que vivían, trabajando como peones para la familia Biglione, dueña del predio en que residían, en su pequeña casita llegaron a formar un hogar feliz y profundamente cristiano. Aunque entre los tres hermanos había disputas propias de niños, era la madre la que aplicaba la disciplina. Sin alarde, aconsejaba y guiaba a sus hijos por el buen camino.

Les aconsejaba:

—Las personas no resuelven sus conflictos a golpes. Si a ustedes algo les molesta, háganlo saber con buenas palabras.

—¡Es que Antonio empezó...! —replicaba José.

—¡Antonio! Eres el mayor y debes dar el ejemplo. No se pelea entre hermanos —zanjaba ella.

Las labores agrícolas del padre, con el azadón y la pala, lo mantenían a diario trabajando duramente a pleno sol, sembrando y cultivando cuanto vegetal le era posible; también debía mantener el ganado. La falta de alimentación en Piamonte era apremiante, y cada dueño de predio se esmeraba porque sus labradores rindieran lo mejor posible.

Un día el patrón le encomendó al padre una tarea manual que debía realizar en el subterráneo de su casa, una especie de socavón muy frío. Francisco, con su ropa empapada en transpiración acudió al lugar, sacándose la camisa para emprender la faena. Pero el violento contraste del calor con el frío del interior le provocó una pulmonía de la que no pudo recuperarse. Así, en mayo de 1817 y tras varios días entre la vida y la muerte, la familia sufrió su gran pérdida; tenía 34 años y Juan apenas 2.

Ante el doloroso fallecimiento del padre, la vida familiar cambió ostensiblemente. Francisco Bosco, como obrero pobre,

Aún se conserva la casa en que nació Don Bosco, en el Piamonte.

no dejó herencia, pero sí les lego su fe y su propio ejemplo de trabajo. Se cuenta que al morir, sus últimas palabras fueron: "Cualquier cosa que pase, tengan confianza en Dios". Pese a su corta edad, la frase la atesoraría Juan durante el resto de su vida.

Margarita quedó viuda a los 29 años y debió enfrentar la

dura tarea de procurar el sustento y sacar adelante a sus tres chiquillos. A pesar de la escasez de recursos y del poco tiempo que disponía para todas sus labores, siempre se multiplicó para que nada faltara. Era muy apegada a Dios y nunca desconfió de sus bondades. Era además generosa con las esposas de peones que tenían mucho menos recursos que ella.

Al igual que su difunto esposo, una de sus principales preocupaciones era que sus hijos siguieran por el buen camino. No veía con buenos ojos a algunas juntas de sus niños con otros de edades similares. La pobreza y la cesantía de muchos padres originaba que los hijos quedaran sin mayores controles y eso los hacía copiar malas maneras.

Cuando Margarita veía que uno de sus hijos seguía una mala práctica, le advertía:

-Ten presente que Dios lo ve todo, lo bueno y lo malo. Haz que te premie por tus cosas buenas.

Esa advertencia también la tuvo muy en cuenta Juan durante su crecimiento y se cuidó para que en él no hubiera nada reprochable.

Ante la ausencia del padre, los hijos de Margarita ayudaban desde temprano en las faenas del campo parar contribuir al pan cotidiano, pues no había tiempo para el ocio. La madre les enalteció el concepto del trabajo, leyéndoles precariamente pasajes de la Biblia donde se destacaba la recompensa del buen hacer. "Comiendo del trabajo de tus manos serás feliz", parodiaba ella la frase del Antiguo Testamento.

En esas labores de sol a sol que exige el campo, Juan las cumplía a los 8 años muy contento, recordando los preceptos de Dios que le transmitía su madre. Tal vez allí está uno de los secretos que tuvo para emprender con entusiasmo y devoción la obra que iniciaría en los años por venir.

Al terminar el trabajo del día, el niño se entretenía hojeando libros que llegaban a sus manos, sin saber leer aun, y otras veces pedía permiso para ir con sus hermanos a jugar con niños del sector. Le gustaba relacionarse con cualquier persona y entablar entretenidas conversaciones. Pero el lugar al que iba no era un sitio de fiar.

Un día volvió a casa con el pantalón roto y un ojo amoratado, lo que provocó temor en la madre.

-¿Qué pasó, Juanito?

-Me pegaron porque quise que dejaran de lanzar insultos.

-¡No volverás a jugar con esos niños!

-¡Pero, mamá! No me cortes el permiso, porque cuando estoy con ellos dejan de pelear.

Con ese espíritu cristiano y la formación que había recibido de su madre, Juan fue adquiriendo un talento especial para anteponerse a los conflictos y evitar que sus amigos se trataran con insultos. Cuando veía que una discusión iba a terminar a puñetes, se anteponía entre los bandos y soltaba cualquier ocurrencia, que hacía deponer las malas intenciones. No le parecían saludables las peleas. Sin embargo, no pudo aislarse de ellas.

ial para ser sólo una alucinación, y se lo contó así a su
Sueño premonitorio

Una noche Juan tuvo un sueño. Le pareció demasiado real para ser sólo una alucinación, y se lo contó así a su familia: "Estaba yo en el patio de una gran escuela. Había muchos muchachos que se trenzaban a puñetes y se lanzaban insultos. Indignado, me lancé contra ellos golpeándolos con mis puños. Entonces apareció un desconocido que me dijo: 'No debes emplear los puños, sino con amabilidad vencerás a estos muchachos'. Le respondí: 'Yo tengo sólo 9 años, ¿y por qué me estás pidiendo algo imposible?'".

Mientras la madre lo escuchaba con interés, él prosiguió su largo relato:

"El desconocido me miró otra vez y me aclaró: 'Yo soy el Hijo de Aquella a quien tu madre te enseñó a saludar tres veces al día. Mi nombre pregúntaselo a mi Madre'. Y sin saber de dónde, vi aproximarse a una Mujer de majestuosa presencia, quien me tomó de la mano y me condujo adonde peleaban los muchachos. Éstos habían desaparecido y en su lugar estaba una manada de terribles bestias, con cuerpos de personas, peludos y de afilados colmillos".

"Al notar mi susto, la Señora volvió a hablarme, y me dijo: 'Hazte humilde, fuerte y robusto... y lo que ves que sucede a estos animales, tú lo tendrás que hacer con mis hijos'. Volví a mirar a mi alrededor y observé que la manada de fieras se había transformado en dóciles corderitos que brincaban alrededor de las dos personas que se me habían aparecido".

"Con mucho temor, lloré y le pedí a la Señora que me explicara lo que estaba sucediendo. Ella colocó suavemente una mano sobre mi cabeza, y me dijo: 'A su tiempo lo comprenderás'.

Al concluir su relato, que también habían escuchado Antonio y José, no pararon de burlarse, no así su madre, que con su sapiencia campesina lo tomó muy en serio. Sabía que su hijo no era un mentiroso. Esta fue la primera vez que Juan tuvo un sueño premonitorio y que ha sido señalado como la misión que le cabría entre los jóvenes más necesitados. Fue como el sentido que tendría que seguir en su apostolado enseñando, corrigiendo, creando e influyendo con su humana devoción de maestro.

Margarita era una mujer piadosa y de corazón abierto. En lugar de lamentarse por la precaria situación en que vivían se las ingeniaba para proveer a sus hijos de zapatos, ropa y de la alimentación adecuada. Esas acciones de grandeza espiritual prendieron tempranamente en el alma de Juan, que intentó imitar sus ejemplos.

La madre, que apenas sabía leer, tenía sin embargo una especial aptitud para comprender que la infancia era como una plantita delicada que había que proteger y enderezar permanentemente. Con esa percepción educaba a sus niños y ponía especial atención en Juan, a quien veía como alguien distinto. Al contrario de otros niños lo advertía honesto, amigable y piadoso.

Entre las amistades que frecuentaba Juan había un pequeño muy delgado y callado que por todo desayuno comía siempre un pan negro. Al advertir el detalle lo animó a hacer un intercambio: su pan blanco por el negro de él.

—¡Hagamos el cambio, porque me encanta el pan negro! —lo animó discretamente.

Tempranamente la Virgen María le mostró el camino que debía seguir. Sería un pastor al frente de su rebaño.

Sus hermanos Antonio y José no eran tan piadosos y, al revés, se mofaban de su caridad. Más aún, con frecuencia se estaban dando de manotazos. Pero Juan tampoco era un modelo de obediencia, lo cual Margarita, a pesar de las preferencias que tenía por él, no pasaba por alto.

En cierta ocasión les prohibió correr y jugar dentro de la casa por ser muy estrecha; no había espacio para diversiones. Pero Juan, olvidándose de la advertencia y aprovechándose de que ella no estaba, comenzó a corretear a su hermano José entre muebles y objetos, y entre tanto alboroto tropezó con un jarrón con aceite que cayó al suelo hecho trizas. Por esos días el aceite era muy preciado.

Al reaccionar por la falta cometida, pensó que había hecho mal y que merecía un castigo. Yendo al jardín arrancó una varilla para que su madre le aplicara un escarmiento. Mientras esperaba su regreso se sentó en el umbral de la casa y con un cuchillo comenzó a esculpir la vara, haciendo de ésta una obra de arte. Cuando la madre regresó y él le relató cómo había roto el jarrón, le entregó la vara para que le aplicara el castigo. Pero al ver la forma prolija con que Juan había esculpido la rama, sólo atinó a abrazarlo y besarlo por su arrepentimiento y valiente franqueza. Naturalmente, lo perdonó.

Sus primeras letras

Siendo aún un niño, Juan tenía muchas ganas de instruirse y vislumbraba que mientras viviera en el campo, donde no había escuelas, no tendría oportunidad de aprender a leer y a escribir. Por tal razón le insistió varias veces a su madre que le permitiera ir al poblado vecino, donde un sacerdote enseñaba lo básico a los niños.

Juan insistía a pesar de los temores de Margarita, que en todo veía un peligro:

-El que vayas es muy aventurado y te puedes perder. Puede morderte un perro o toparte con una banda que te asalte.

Él no se daba por vencido y replicaba:

-Yo conozco el camino y nada me pasará. Pondré señales en los árboles para no perderme.

Su hermano Antonio, que llevaba la parte más pesada del trabajo del campo, tenía un fuerte carácter y se oponía a cualquier iniciativa que no fuera la dedicación al sembradío, la cosecha o la atención a los animales del patrón. Se oponía rotundamente a que Juan se apartara de sus deberes por la excusa de ser el menor o el más protegido. El muchacho mayor, que al perder a su padre y a su madre verdadera se consideraba en desventaja frente a sus hermanos menores, había desarrollado un mal carácter. No obstante, Margarita, que lo acogiera sin distinciones, intentaba que el desamparo que éste sentía, de alguna manera tenía que llenarlo.

Aunque el mayor trabajo del campo se daba en los períodos de primavera y verano, durante el invierno había poco que hacer por la severidad del clima y porque la tierra no era apta para sembradíos. En ese detalle se basó Juan para proponerles a su madre y a Antonio que era el momento apropiado para ir al pueblo cercano a estudiar. Recurriendo a su conocida elocuencia, logró finalmente el permiso y pudo ir por las mañanas donde el sacerdote que le enseñó a leer y a escribir.

De aquel fraile, conocido como el maestro don Lacqua, no sólo aprendió las primeras letras, sino además ahondó en las creencias religiosas. Se enteró que los curas no sólo hacían misa y que también evangelizaban, bautizaban, daban los últimos sacramentos, predicaban la palabra de Dios y guiaban por el buen camino, y le gustó.

En las tardes cuando regresaba a su casa aprovechaba el camino para ir repasando sus tareas y practicando la lectura de los libros que le prestaba el religioso. Pero su devoción por las obligaciones escolares despertó cierta envidia entre algunos de sus compañeros, que le criticaban sus afanes.

-El campesino quiere ser ahora profesor, ta-ta-tá...

-¡Eres un bueno para nada!

Él no se callaba:

-¿Por qué no hacen lo suyo en lugar de perder el tiempo?

Tal fue el nivel de burlas, que un día mientras leía y sus compañeros bromeaban acerca de cómo lo veían cuando grande, caricaturizándolo, les dijo muy serio:

-¡Se equivocan! Cuando grande seré sacerdote para enseñar a muchachos como ustedes.

Su afirmación tan categórica produjo el efecto de que ninguno volvió a molestarlo. Pero quien no acogió buenamente la idea fue su hermano mayor, por la pesada carga de trabajo que seguía manteniendo. ¡No quería escuchar hablar del tema! Estaba seguro que la propuesta de Juan era para evadir sus deberes y no estaba dispuesto a quedarse con dos manos menos.

El niño siguió adelante con las clases que impartía don Lacqua y aprendió a leer y a escribir correctamente. Hasta intentó plasmar en una hoja sus primeros pensamientos propios. Esas tentativas lo llevarían más tarde a ser un talentoso escritor. La calle le ayudó a desarrollar su imaginación, especialmente de lo que veía en la feria de frutas y verduras cuando acompañaba a su madre. Ella concurría cada semana a vender los productos que con prolijidad cosechaban sus hijos y ella preparaba. Con entusiasmo hacía almácigos, semillas, separaba yerbas y creaba tinturas para la ropa que vendía en aquel comercio callejero. Frecuentemente era Juan quien le acompañaba.

Una de las veces el niño quedó asombrado al presenciar por la arteria principal un gran despliegue de artistas y equilibristas de un circo para publicitar sus funciones. Con curiosidad siguió los trucos del prestidigitador, y hasta le dio susto el hombre nariz de elefante. Se maravilló con las cabriolas de las bailarinas, y embobado observó cada detalle de los acróbatas que se paseaban a cierta altura por la cuerda floja sobre una carreta.

Para él era un mundo nuevo que se abría ante sus ojos. Nunca había presenciado a los artistas de un circo, y no dejó de pensar en ser uno de ellos. Durante el regreso a su casa siguió dándole vuelta a la idea, y tan entusiasmado estaba por ser también un equilibrista, que ese mismo día en el jardín extendió una cuerda entre dos perales e inició la práctica.

Varias veces perdió el equilibrio y cayó de bruces, dándose algunos golpes. Pero los traspiés no lo desalentaron y siguió adelante con las pericias. Cuando consideró que era capaz de caminar por la cuerda de un extremo a otro, se fue a los prados de I Becchi para hacer algunas demostraciones públicas. Le gustaba saberse reconocido. La gente no tardó en arremolinarse en torno suyo y a premiar con aplausos sus destrezas. En retribución, él rezó al final el Rosario y entonó un cántico piadoso, que fue coreado espontáneamente por los asistentes. Era un pueblo religioso.

A la semana siguiente mientras acompañaba a su madre a la feria de verduras observó a un joven seminarista que dialogaba animadamente con algunos fieles en la puerta de la parroquia, y quiso conversar con él, pero no se atrevió a expresarle palabra. Al darse cuenta de que el niño lo miraba con insistencia, el fraile le hizo una seña para que se aproximara, y al poco rato ya habían entablado una entretenida conversación.

—¿De dónde eres? ¿Qué edad tienes? ¿Recibiste la Primera Comunión? ¿Con qué frecuencia te confiesas? ¿Adónde vas a catecismo? —el cura lo llenó de preguntas.

Se trataba del estudiante de teología José Cafasso, con quien Juan quedó encantado por su manera edificante de hablar. Respondió a todas sus interrogantes, y por la amabilidad que había tenido con él, le ofreció a acompañarlo cuando se diera cualquier espectáculo o novedad que llegara a la ciudad, al creer que a él también le gustaban los circos. Pero el novicio tenía otro concepto acerca de los espectáculos:

—Mi querido amigo —le dijo—, las diversiones de los sacerdotes son las funciones de la Iglesia; cuanto más devotamente se celebran, tanto más agradables resultan. Nuestras novedades están en las prácticas de la religión, que son siempre nuevas, y por eso hay que frecuentarlas con regularidad.

A continuación, Cafasso le aclaró que en ese momento no se hallaba observando a los artistas del circo, sino que esperando a que el sacristán abriera la puerta de la iglesia para entrar, lo que a Juan le provocó cierto rubor la equivocación. Aunque la madre lo esperaba a cierta distancia, él no quería concluir la conversación, y la prolongó respondiéndole:

—Es verdad lo que usted dice, Padre, pero yo creo que

hay tiempo para todo: tiempo para la Iglesia y tiempo para divertirse.

Al escuchar sus palabras el fraile se puso a reír, un poco asombrado, y decidió concluir lo que había iniciado el niño, al decirle:

-Quien abraza el estado eclesiástico se entrega al Señor, y nada de cuanto tuvo en el mundo debe preocuparle, sino aquello que puede servir para la gloria de Dios y provecho de las almas.

Aunque Juan no comprendió enteramente lo que el sacerdote quiso decirle, le pareció que eran palabras de mucha profundidad y aptas para seguir sus acciones de vida. Le quedó además el pensamiento de "ojala tenga otra oportunidad de volver a hablar con él".

Su primera confesión

Por esos días su madre lo preparaba para la Primera Comunión. Con su buena memoria la mujer le había explicado el catecismo, sumando a ese conocimiento el que le traspasara Don Lacqua, su maestro de lenguaje. Él mismo también lo preparó para su primera confesión, que tenía a Juan muy inquieto. Suponer que debería contarle al confesor algunos malos pensamientos y desobediencias, eso ya le intimidaba. Al principio buscaba respuestas en su madre.

-¿Por qué es tan necesario confesarse, mamá?

-Porque el Señor perdona los pecados y eso te hace sentir mejor. Pero existe el compromiso de no volver a pecar.

Esto último le parecía lo más difícil de cumplir, pero lo intentaría. Así, a fines de marzo de 1826 y teniendo 11 años, Juan hizo su Primera Comunión y comulgó por primera vez durante la Fiesta de Pascua. Antes de la ceremonia, Margarita le pidió no hablar con otros niños y buscar el recogimiento para valorar el momento de recibir a Dios en su alma, y así lo hizo.

El atardecer de ese día no fue para la familia una instancia como cualquier otra, pues la comida estuvo más abundante y la alegría brilló en todos los corazones. Sus hermanos estaban orgullosos del paso que Juan había dado y éste, a la vez, sintió en su interior una especial satisfacción por comprobar que sus afanes religiosos se iban cumpliendo.

Al niño le parecía maravilloso poder traspasar al papel sus ideas, guiado por su madre, que a pesar de lo poco y nada que tenía de estudios, poseía buena memoria y una gran intuición para dirigir con eficiencia la formación de sus hijos.

Entre las caminatas que efectuaba para seguir sus clases debía cuidarse mucho de los ladrones y bandoleros que por esos días abundaban en la zona. Había aprendido a distinguir las intenciones de éstos con sólo observar sus actitudes. Gracias a esa sagacidad logró evitar muchas veces ser atacado.

Poco tiempo después de su Primera Comunión se enteró que a un pueblo vecino, llamado Buttigliera, había llegado una misión para educar a la comunidad en los principios religiosos. Se encantó con la idea de poder asistir a las prédicas, y le pidió a su madre que le otorgara el permiso. Esta vez los alegatos de Antonio no surtieron efecto y ella terminó accediendo, a pesar de los peligros que percibía para él en el camino.

Durante la semana de las prédicas Juan asistió a ellas y tomaba debida nota de los contenidos con su precaria letra. Debía caminar 16 Km. de ida y vuelta, pero el camino se le hacía corto por entregarse a sus reflexiones. Mientras regresaba a su casa, se cruzó un día con el capellán de Murialdo, Juan Melchor Calosso, un hombre entrado en años y que a su edad caminaba con dificultad.

-Hola, hijo mío –lo saludó el eclesiástico-. ¿De dónde vienes?

-Estoy asistiendo a las prédicas de la misión que está en Buttigliera.

-¿No te atemoriza viajar solo por estos caminos?

-No, Padre; Dios está siempre conmigo.

-¿De dónde eres?

-Vivo en I Becchi, en una finca.

-¿Y caminas 16 Km. para asistir a las prédicas?

—Sí, Padre.
—¿Pero entiendes lo que allí se dice?
—¡Totalmente!

Calosso, no muy convencido al ver tanta seguridad en él, lo animó a que le repitiera cuatro frases de la prédica de ese día, y que lo premiaría por ello.

—Te daré cuatro monedas si recuerdas lo que allí se trató. Dime sólo cuatro frases.

—¿De la primera o segunda prédica? —aceptó el reto.

—Elije tú —se sonrió el cura.

—En la primera prédica se nos pidió no postergar nuestra conversión, porque aquel que la posterga cae en riesgo de no disponer del tiempo ni de la gracia de hacerla...

Durante largos minutos Juan se explayó sobre el conocimiento religioso que se le había entregado, causando una gran sorpresa en el capellán. Lo que más le llamaba la atención era el tono reflexivo del muchacho, como si estuviera dictando una clase y no respondiendo a una consulta. Advirtió que en su respuesta no sólo había memoria sino además una comprensión e inteligencia que exponía con el corazón.

Sorprendido por el resultado, el cura le dio las cuatro monedas y quiso indagar más sobre él.

—¿Cómo te llamas?

—Juan Bosco.

—¿Tienes familia?

—Sí, vivo con mi madre y dos hermanos mayores.

—¿Sabes leer y escribir?

—Sí, he aprendido recientemente y tengo muchas ganas de seguir estudiando.

—¿Y por qué no lo haces?

—Porque mi familia es pobre y mi hermano Antonio insiste en que lo ayude en el campo. Él dice que para trabajar no se necesita nada más que dos manos.

—¿Y qué dice tu madre?

-Ella le hace caso porque Antonio tiene 15 años más que yo. Él es grande y robusto.

-¿Y qué quieres estudiar? ¿Tal vez ser médico o abogado?

-No, yo quiero ser sacerdote.

Calosso volvió a asombrarse con la respuesta.

-¡Eso es una maravilla, hijo! ¿Pero por qué quieres ser sacerdote?

-Quiero entregar la palabra de Dios. Hay muchos niños que, sin ser malos, podrían llegar a serlo. Tuercen su camino al no existir alguien que se preocupe de ellos, y yo quisiera hacerlo.

El religioso estaba muy conmovido por aquel niño tan grande, y al llegar al cruce donde debían separarse, optó por no perder su contacto. La destrucción que había ocasionado la guerra requería en ese momento de seres positivos y emprendedores, y en Juan veía a una de esas promesas. Le dijo entonces:

-Juanito, yo creo que podemos solucionar la actitud que tiene Antonio para que puedas seguir estudiando. Por eso, quiero que le digas a tu mamá que con gusto conversaré con ella en la parroquia de Murialdo.

-Gracias, padre. Eso será muy importante para mí.

-No te dejes estar y cuéntale.

-Lo haré, Padre.

Ese mismo día Juan le transmitió a su madre aquella conversación, y al encontrar en ella su disposición, pronto se apersonaron en la parroquia de Murialdo, donde Calosso puso al corriente a la mujer de las cualidades que advertía en el niño, y le ofreció su colaboración para capacitarlo en materias que lo ayudaran a hacer realidad su pretensión sacerdotal.

Para evitar los disgustos con Antonio, el religioso y Margarita acordaron que las clases se las impartiría a partir del otoño, cuando la tierra descansa, y él pudiera ir cada día a Murialdo. El arreglo dejó muy contento a Juan, que no paró de exponerle a su madre durante el regreso a casa todos los planes que se le ocurrían derivados del permiso.

Cuando llegó la fecha, el chiquillo empezó con el cura a estudiar por las mañanas gramática italiana y luego pasó a la gramática latina, que le ofrecía una nueva perspectiva en las letras. Por las tardes siguió abocándose al cuidado del ganado, tal como había sido el trato con Antonio, y a algunas faenas de limpieza en el predio. Los domingos se quedaba todo el día en la parroquia de Murialdo para ayudar al anciano sacerdote en la misa, enseñar a cantar a los niños y a ingeniar juegos entretenidos.

Como tenía una linda voz la lució un domingo durante un baile organizado cerca de la iglesia. Ocurrió en momentos en que estaba todo listo para el oficio religioso. Con voz potente y armoniosa y caminando lentamente hacia la parroquia, con un cirio entre sus manos, hizo que la gente lo siguiera instintivamente, mientras el grupo instrumental de la iglesia le acompañaba. Una vez adentro los músicos dejaron de tocar, impresionados por su tonalidad vocal, acentuada por la sonoridad acústica del templo. Quienes vivieron el episodio relataron: "Fue un instante supremo que conmovió a todos los asistentes". Fue un hecho que nadie volvería a repetir.

Nuevas aflicciones

Aquel ambiente ideal en que ahora se desenvolvía su vida no duraría mucho. Don Calosso enfermó y no pudo recuperarse; murió a los pocos días. Antes de fallecer había hecho un testamento en que dejó a su alumno favorito su dinero como todo bien. Para un estudiante pobre como él, la herencia representaba la continuidad de sus estudios. Pero en un gesto de gran honestidad, Juan traspasó todo el dinero a los sobrinos del sacerdote sin dejar nada para él.

Por su buena acción volvía a quedar nuevamente a la deriva, más, cuando a esto se unía la desagradable situación en su hogar, por la insistencia de Antonio de que trabajara de sol a sol. Se dio sin embargo la circunstancia que habiendo cumplido Antonio 25 años y estar seriamente enamorado de una jovencita, su plan era casarse.

Como la casa era chica y Antonio no pararía con su hostigamiento hacia él, Margarita entendió que debía tomar una decisión al respecto: dejó a su hijo mayor la pequeña casa, con la venia del patrón, y con José y Juan se trasladó a vivir a Sussambrino, un lugar más lejano. Las desavenencias con su hermano habían durado demasiado tiempo, y de no colocarle coto, el talento y las sanas devociones de Juan se perderían por la absurda rivalidad. Eso creyó la madre al adoptar la radical decisión.

Durante los meses siguientes, Juan pudo ingresar a la escuela de Castelnuevo, a unos 12 Km. de I Becchi, pero la falta de dinero para pagar su enseñanza y la enorme distancia que debía cubrir entre su casa y la escuela hicieron tomar a Margarita otra drástica decisión, y se lo hizo saber claramente entre lágrimas:

-Juanito, como sé que lo que más anhelas es instruirte y ser sacerdote, por las implicancias que existen no lo vas a lograr. De modo que debes dejar la casa para buscar un trabajo y con ese salario pagar tus estudios y tener un lugar cercano donde vivir.

Juan se espantó al pasar por su cabeza las más descabelladas situaciones.

-¡Pero mamá, cómo puede pensar en eso! ¿Adónde iré? No tengo más familia que usted y mis hermanos... ¿Cómo y dónde viviré? –todo dicho en medio del llanto.

Los dos lloraban, pero Margarita sabía bien que su hijo no tendría otra oportunidad para valorar sus conocimientos, y no podía mostrarse débil, e insistió:

-Estás creciendo muy aprisa y el tiempo pasa rápido. Por tus cualidades sabrás como abrirte camino y Dios te ayudará. Aquí perderás tus vocaciones.

Ya estaba todo dicho. Él, sin embargo, intuía que le esperaban grandes sacrificios que no sabría cómo enfrentar. Respetuoso como había sido educado, esa misma semana se dispuso para la partida, instante en que ella le recomendó que de no encontrar trabajo se dirigiera al poblado de Moncuco, donde residía la familia Moglia, la cual podría prestarle alguna ayuda.

Juan tenía 13 años cuando en pleno invierno de 1826 salió de su casa con un pequeño equipaje en que llevaba ropa, alimento y algunos libros. Muy afectado por tener que abandonar el hogar, caminó hasta el poblado vecino y comenzó a pedir trabajo en las fincas. Pero la crisis económica que afligía al país mantenía en una gran cesantía a la población, especialmente entre aquellos que se abocaban a oficios y labores agrícolas. Durante días el niño pasó hambre y frío, comiendo gracias a la generosidad y bondad de la gente que lo veía tan desvalido. En esa situación de pobreza recordó el consejo de su madre y se dirigió a Moncuco, hasta dar con la familia Moglia. Allí, luego de narrar llorando sus aflicciones, el jefe de hogar le prometió trabajo para dos meses más, pero él no estaba en situación de esperar. Debía seguir golpeando puertas a pesar del hambre y del frío.

Frente a su frágil situación, se cree que Dios no quiso prolongar sus sacrificios y le tendió una mano. Ese gesto estuvo retratado en la acción de la hija de los Moglia, Teresa, de recién cumplidos 15 años, a quien correspondía cuidar las vacas y efectuar otros menesteres en el predio en que vivía. Al escuchar la situación de Juan, le dijo a su padre que habiendo cumplido ya los 15 años le parecía que era momento de asumir otras responsabilidades propias de su edad. De esa forma quería ayudar al niño desvalido.

-Creo que él está capacitado para reemplazarme en mis deberes.

El padre divagó por un rato y finalmente, sin pensarlo más, decidió aceptar sus servicios.

-Bien, muchacho, desde ahora podrás trabajar aquí en la finca y Teresa será tu guía. Tendrás comida y un lugar donde vivir. Pero deberás hacerlo muy bien, porque yo no quiero gente ociosa en mi casa.

Cerrado el trato, a Juan se le abrió un mundo nuevo por el desafío que implicarían sus futuros deberes, y agradeció a Dios por no haberlo abandonado. Durante un año y medio permaneció en la casa de los Moglia reemplazando a Teresa en sus obligaciones. Dada la similitud de edades, ambos compartieron como buenos amigos y él la puso al tanto de sus sueños por llegar al seminario para ayudar a los niños desorientados.

En ese período fue esta vez la Virgen María quien escuchó sus ruegos y derivó en el tío de Teresa, Miguel, el apoyo que el niño necesitaba. El tío Miguel, al visitar un día a la familia Moglia, se conmueve por la situación de desamparo y por los anhelos tan profundos de Juan. El hombre, un buen hombre, resuelve entonces interceder entre él y su madre para devolverlo a su casa, y sin mediar mayor trámite así lo hace.

Los buenos oficios del pariente de los Moglia le permitieron a Juan regresar otra vez junto a su madre y su hermano José, y reintegrarse a la escuela de Castelnuevo con el dinero que había ganado ese tiempo en la finca. Pero después de un tiempo el dinero se le agotó y requería de otro trabajo para seguir adelante.

Mientras iba a la escuela no cejaba en buscar otra labor pagada que atender, y en esos afanes dio con un sastre que buscaba un joven que lo ayudara en los cortes y cosido de las telas. De inmediato surgió una buena química entre ambos, y Juan comenzó por las tardes a progresar en la confección de ropa.

Por el interés que ponía en el oficio, pronto se convirtió en un experto remendón, que alegró al sastre, y que siempre lo estaba llenando de elogios.

-Tú tienes talento, podrías dedicarte a la sastrería. Estás en la edad justa para progresar. Deja de lado tus estudios y hazme caso.

Pero el joven, que ansiaba con ser un seminarista, no iba a cambiar de opinión, y así se lo hizo saber. No obstante, no quería dejar el empleo que tanto le había costado ubicar, y el sastre respetó sus planes. Con el dinero que ganaba, unas 12 liras, pagaba sus estudios, se alimentaba y le había sacado de encima a su madre el tremendo peso del pago de la escuela. Todo eso le parecía muy confortable.

Como la escuela de Castelnuevo no era de buen nivel, Margarita resolvió al año siguiente ubicarlo en otro establecimiento, en

Chiari, donde el nivel de estudio era más alto. El lugar estaba más lejano y tendría que separarse nuevamente de su casa. De esos planes se enteró la comunidad, que sentía gran respeto por la familia Bosco y los anhelos del niño. De tal manera que varios colaboraron con alimentos y dinero cuando llegó el momento de su partida.

En su libro de apuntes cuenta el propio Juan que ese 14 de noviembre de 1831, mientras caminaba hacia su nuevo destino, sintió por segunda vez la voz de la Virgen María, recordándole el rebaño de corderitos que le había confiado. Y la frase "yo te ayudaré", le pareció la sagrada promesa de infundirle nuevos bríos para llevar adelante la misión que Ella le había encomendado.

Los fines de semana lo visitaba su madre en Chiari, llevándole los alimentos para toda la semana: pan centeno, chuchoca, castañas y fruta. La nieve y el viento que a veces arreciaban no impedían que ella diera cumplimiento al compromiso de atender a su hijo. Como Juan había abandonado la sastrería por la distancia, ahora pagaba la pensión con labores de mozo. También asumió como profesor del hijo de la dueña de la posada donde alojaba, una tal señora Matta, a cuyo niño enseñaba sus primeras letras, percibiendo por ello algún dinero.

Todo iba muy bien para él, hasta que la señora Matta resolvió un día trasladarse a otro poblado y Bosco quedó sin alojamiento y sin trabajo. Otra vez en medio de la incertidumbre fue la Santísima quien adecuó las circunstancias para sacarlo del paso, tal como lo hiciera con el tío de Teresa. Él no podía poner en duda que por su gracia había conocido esa misma semana a un posadero, que además tenía un negocio de pastelería. Este otro buen hombre le cedió un rincón donde dormir y le encargó algunos oficios remunerados.

Así, el joven Juan Bosco se levantaba al alba para hacer la limpieza del comedor y del bar antes de asistir a la escuela, y por las tardes ayudaba al pastelero a preparar manjares y a marcar los puntos de los jugadores de billar que se entretenían en la sala de esparcimiento. Más tarde se encerraba en el rincón de su pieza para estudiar sus tareas a la luz de una vela.

Entre el ir y venir de la escuela a la posada, el pastelero no dejaba de admirarlo.

-¿No te cansas, muchacho?

-Algunas veces, pero lo importante es la disposición.

-Te he visto leer y escribir por las noches. ¿Qué escribes?

-Tengo algunos pensamientos de lo que veo y escucho, y al escribirlos me ayuda a la comprensión.

En la calle, al encontrarse con pequeños vagabundos, les aconsejaba buenamente y compartía con ellos algunos centavos que les sirvieran para un plato de comida. La solidaridad estaba siempre estampada en su alma.

Su apostolado

El profundo compromiso que tenía con los jóvenes lo llevó a organizar un apostolado en la escuela en que estudiaba, reuniendo a los alumnos de diversos cursos que consideraba más capacitados. Al grupo lo bautizó como "La Sociedad de la Alegría". El apostolado consistía en ser cristianos, ser optimistas y alegres ante la adversidad y llevar una vida ejemplar. Esos tres aspectos de su esquema los consideraba vitales entre adolescentes que, aparte de estudiar sus materias básicas, no tenían más guía que la eventualidad.

Los domingos asistía sagradamente a misa, pues su acercamiento con Dios lo consideraba indispensable para mantener su fe en alto. Una de esas veces notó que la Iglesia estaba casi vacía.

-¿Qué ocurre? ¿La gente dejó de creer en Dios?

-No es así –respondió una devota-. Lo que ocurre es que llegó a la ciudad un saltimbanqui que hace una serie de pruebas a la misma hora de la misa.

Juan creyó que la ausencia de fieles era por la novedad del acróbata y que a la semana siguiente todo volvería a la normalidad. Pero no fue así, y los fieles siguieron faltando. Entonces quiso conocer las habilidades del artista y observó detenidamente sus destrezas. Lo encontró muy bueno, pero creyó que eso no justificaba que le quitara los fieles, de modo que, sin mayor cordura, decidió exponerle un reto.

Cuando hizo público el desafío de estar dispuesto a competir con él en sus proezas, la noticia trascendió en la comunidad, creándose una gran efervescencia. Sus compañeros del apostolado no podían creer en su audacia, pues el artista tenía fama de invencible. Estaba implícito que si el acróbata perdía, tendría que retirarse a otra ciudad, pero en su afamada categoría eso parecía imposible. Para hacer una justa objetiva se eligió a jueces que dirimirían el resultado, entre gente entendida, en tanto sus compañeros se preocuparon de cuidar su estado físico, sometiéndolo a diversos ejercicios de aptitud. Como prueba inicial los jueces fijaron una competencia de velocidad, dadas las condiciones del terreno.

El día de la competencia, con gran público, el acróbata estaba muy seguro de su triunfo y por ello apostó veinte monedas y miró burlonamente a Juan, que disponía de solo diez. Pero en una rápida colecta emprendida por sus compañeros fue posible reunir el resto del dinero. Un trompetista dio la partida, y ambos competidores salieron como flecha por el circuito fijado.

Desde la partida el acróbata tomó la delantera con gran ventaja, pero a medida que ambos avanzaban, Juan consiguió alcanzarlo y hacerse de la victoria a poco de llegar a la meta. Los asistentes rompieron en aplausos y vítores, mientras el enojo del perdedor era evidente. Pero éste no estaba dispuesto a entregarse tan fácilmente y les planteó a los jueces un segundo desafío, al que accedieron.

-Mi apuesta son otras veinte monedas a que no consigues ganarme en el salto del río –lo provocó.

Juan, a pesar de considerarse afortunado por haber ganado la primera prueba, no se tomó más de un par de segundo para aceptar el nuevo desafío.

-Claro, no tengo problema –respondió, encomendándose

en ese momento a la voluntad de la Santísima Virgen.

Los competidores se trasladaron al borde del río, seguidos por una muchedumbre expectante, y allí el saltimbanqui le cedió el puesto con la intención de lucirse al final. Juan Bosco tomó distancia, respiró profundo y emprendió un salto espectacular que lo hizo caer de pie al otro lado de la orilla. La gente no podía creerlo, pero como lo más probable era que el competidor lo hiciera mejor, cundió la expectación y el silencio se hizo más profundo.

El acróbata se concentró un segundo y luego arrancó con un vertiginoso salto, cayendo más atrás de la marca de Juan y dándose un tremendo porrazo. Los asistentes gritaron y brincaron sin poder creer que el muchacho había derrotado nuevamente al profesional. Pero éste no se dio aún por vencido y lo volvió a retar. Esta vez la competición consistiría en la que era su mayor destreza, la de escalar un árbol hasta la copa misma.

-Ahora tendrás que pagarme cien monedas si pierdes –le subió la apuesta.

El joven, que no disponía de tanto dinero –por no habérsele pagado aun las competencias anteriores-, volvió a ser respaldado por sus compañeros y el público, que estaba frenético por el triunfo del muchacho de I Becchia. Así que una vez garantizada la cifra para la apuesta, ambos competidores se trasladaron hasta el árbol más alto del poblado para efectuar la prueba.

Esta vez fue el saltimbanqui quien la inició, logrando subir a la parte más alta. Al llegar, alzó sus brazos en señal de victoria, aferrado firmemente con sus piernas al tronco del árbol. Algunos lo aclamaron y otros expusieron su decepción, porque querían ver ganar al futuro seminarista, pero ya parecía todo consumado. El artista era un profesional y Juan apenas un aficionado. Pero él tenía a su favor a la Santísima Virgen y en todo momento le estuvo rezando. De modo que cuando su adversario cantó victoria, él esperó a que bajara y luego se encaramó por el tronco como una ardilla, sorteando ramas y todo tipo de obstáculos. Mientras avanzaba hacia el cogollo final, la gente lo animaba con gritos a seguir ascendiendo, hasta que finalmente llegó al mismo lugar que alcanzara el acróbata. Pero, como según la regla el triunfo sería del que llegara con los pies más altos, Juan afirmó sus manos donde estaban posados sus pies y alzó las piernas al aire, hasta alcanzar el lugar donde se acababa el último cogollo.

Al narrarse esta anécdota en la vida del santo, se cuenta que la alegría de la gente fue indescriptible, con gritos ensordecedores y un jolgorio que duró el resto del día. Juan, con la honestidad que lo caracterizaba, no obligó al artista a retirarse a otra ciudad, pero sí lo urgió a realizar sus proezas fuera del horario de misa de los domingos. Y con el dinero que ganó, invitó a todos los compañeros del apostolado a un gran almuerzo en el mejor restaurant del pueblo. También ya tenía de sobra para sus estudios. Demás está decir que con su acción logró que los devotos regresaran los domingos al oficio del templo.

Ingreso al Seminario

A medida que Juan Bosco se introducía en el mundo de los jóvenes, con sus prédicas e iniciativas deportivas y artísticas, se fue relacionando más activamente con la Iglesia y sus personeros. Así volvió a encontrarse con los padres José Cafasso y Cinzano, que viendo en él a un muchacho más maduro, de empuje y de mucha bondad y devoción, le fueron encomendando actividades cada vez más comprometidas. Esa ayuda le sería fundamental para que el 30 de octubre de 1835 ingresara al Seminario Diocesano de Chieri, a la edad de 20 años.

Por esa época la Iglesia Católica europea estaba fuertemente influenciada por un movimiento espiritual y teológico conocido como el Jansenismo. Lo había fundado el obispo Cornelio Jansen dos siglos antes, estableciendo un fuerte puritanismo moral basado en una interpretación literal de los textos de Agustín de Hipona. Esa base espiritual alejaba a los fieles de los sacramentos y especialmente de la eucaristía.

Al ingresar al seminario, esa perspectiva teológica estaba en su apogeo en el Piamonte, pero era rechazada con fuerza por los jesuitas y personajes notables como el propio Padre Cafasso, que la combatía tenazmente. Para contraponerse al jansenismo y al rigorismo, quien sería su futuro mentor, el

Padre Cafasso, presentaba la religión, contrariamente, bajo sus más bellos aspectos. Colocaba acento en aquellas virtudes accesibles al común de los cristianos, siguiendo la táctica religiosa preconizada siglos antes por San Ignacio de Loyola, de actuar siempre contra los errores y los vicios de la época.

Ante el rigor del jansenismo, Juan debió someterse a penitencias extremas, ahondar en el misticismo, dejar de lado los deportes, la música y los amigos, perturbando seriamente su formación sacerdotal. Lo que más lo alteraba era el impedimento que se le había puesto para comulgar, pero a escondidas sacrificaba su desayuno para recibir la eucaristía. La percepción que tenía de la gracia de Dios en el ámbito teológico católico era mucho menos severa de lo que ahora se le imponía, y eso le producía cierta rebeldía.

Su discrepancia más definitiva con el jansenismo la expresaría Don Bosco al término de su formación sacerdotal, al escoger como guía espiritual a San Francisco de Sales, quien en su época fuera obispo de Annecy y que impulsaría la teología espiritual salesiana. Su diócesis se volvió muy conocida en Europa a causa de su eficiente organización, de su celoso clero y de sus laicos bien esclarecidos.

Durante sus días en el seminario, el joven Juan se esmeraba por aprovechar su tiempo estudiando, mientras algunos alumnos se divertían. En cierta ocasión, uno de los grupitos que fomentaba el ocio comenzó a picanear a un estudiante que acababa de llegar.

-Oye, deja tus libros y arrímate al grupo –le lanzó el cabecilla, mientras el novicio estaba tranquilo haciendo sus deberes.

-No, muchas gracias; tengo tareas que hacer -respondió éste con gran seguridad.

-¡Qué te crees! –fue la réplica-. Harás lo que te estoy pidiendo, sino ¡ay de ti!

-¿Quieres pegarme? –lo desafió el muchacho-. Hazlo, porque no me moveré de aquí.

Entonces el líder se le aproximó desafiante y le propinó un fuerte golpe en la cara, esperando la reacción del muchacho. Pero éste no se movió de su sitio y, contrario a lo esperado, le expuso:
-¿Estás satisfecho ahora? Si así es, déjame trabajar tranquilo, y te perdono.

Tanto el provocador como el resto del grupo quedaron impávidos y no volvieron a molestarlo. Juan, que había observado la escena desde cierta distancia, admiró la valentía del joven y quiso saber de quién se trataba. Pero antes, se aproximó al fastidioso grupo para hacerles una advertencia:

-Cualquiera de ustedes que le vuelva a poner un dedo encima a mi amigo, tendrá que vérselas conmigo primero —sentenció.

El valiente joven era Luis Comollo, sobrino del sacerdote Cinzano, con quien sellaría una amistad que conservaría. Porque cuando el joven Juan Bosco ingresó al Seminario Mayor, Luis le seguiría al poco tiempo y juntos llevarían sus vocaciones adelante. Pero esa compañía no se prolongaría por mucho más.

Durante una caminata por el patio del establecimiento, Luis le comentó a Juan que tenía la sensación de que moriría pronto. No sabía de qué, pero intuía su final. Juan se rió:

-¿Acaso hay algo que está funcionando mal en ti? ¡Yo te veo muy entero!

A Luis no le hizo gracia el dicho de su amigo y le respondió con la misma formalidad del principio:

-No te rías, que es un presentimiento de que Dios me llamará pronto a su lado.

Entonces Juan lo tomó más en serio:

-No puedes decir eso, porque no conocemos los secretos de Dios. ¿Acaso tú los conoces?

Luis, intentando restarle dramatismo a su revelación, lo hizo peor, al señalarle:

-Tal vez será uno de los dos el que se irá pronto. No es solo una cosa dirigida mí.

A Juan le cambió el semblante, y para evitar una discusión, solo le dijo:

—¡Bueno ya, deja eso!

Pero Luis, muy convencido de su premonición, siguió adelante:

—¿Quieres que hagamos un pacto?

—Oye, ahora quieres hacer un pacto.

—Pidámosle a Dios que el que muera primero regrese para decirle al otro que ha sido salvado por el Altísimo. Será una señal.

Juan no quiso seguir ahondando en el tema, pero obligadamente tendría que retomarlo seis meses después cuando Luis se desmayó abruptamente a la hora del almuerzo. Los compañeros que estaban con él lo llevaron a su dormitorio, y durante toda esa semana el muchacho se debatió entre convulsiones y alta fiebre. Ningún médico tuvo un diagnóstico acertado. El que más se acercó fue el que definió su estado como "una enfermedad desconocida".

Al término de esa semana, Luis Comollo dejó de respirar durante sus convulsiones y murió en momentos en que Juan le acompañaba; tenía 23 años. Su deceso provocó honda desolación en la comunidad religiosa, y sus restos fueron trasladados al velatorio de la capilla para que todos rezaran por el descanso de su alma.

Esa noche Juan no pudo dormir recordando los buenos momentos que habían pasado juntos. Al alba, un fuerte estruendo remeció la pieza que el joven compartía con otros ocho seminaristas, y una luz intensa invadió el dormitorio, que los asustó todos. Entonces, desde las profundidades surgió una voz potente que se escuchó nítidamente: "¡Bosco, estoy salvado!". Juan recordó el pacto que hicieran meses antes, y esa experiencia sobrenatural la incluiría más tarde entre sus numerosos escritos.

Su sueño cumplido

El 5 de junio de 1841 el joven Juan Bosco cumplió el gran deseo de ordenarse sacerdote, en una ceremonia encabezada por monseñor Franzoni, Arzobispo de Turín, en la capilla privada arzobispal. Tenía 26 años. Al día siguiente celebraría su primera eucaristía en la Iglesia de San Francisco de Asís, asistido por el padre José Cafasso, ante el altar del Ángel de la Guarda.

Su querida madre, Margarita, fue la primera a la que dio la comunión. Ella había sido su pilar para ver consolidado el anhelo de su hijo de ser cura. Lo había inducido a la oración, lo había encaminado hacia el trabajo y también tomado la difícil decisión de impulsarlo a valerse por sí mismo. Ese día, ella le dio el último consejo:

—Hijo, comenzar a celebrar la misa es empezar a sufrir; ya lo conocerás tú. Ahora sólo quiero que te preocupes de ti y no de mí para salvar las almas que te necesitan.

El ahora sacerdote entendió su mensaje y, con la creencia de que no la volvería a ver durante mucho tiempo, se abrazó a ella y agradeció una vez más sus desvelos.

Don José Cafasso, pequeño de estatura, de ojos brillantes, aire afable y rostro angelical, apoyaría con particular desvelo a Don Bosco y su obra. Trabajando éste sin ningún alarde realizaría en el tiempo un extraordinario apostolado al combatir los errores de la época y a constituirse en un sustentáculo para la formación de los sacerdotes.

Para Juan Bosco el sacerdocio se convertiría en la razón de su existencia, pues su deseo por tantos años acariciado y ya conseguido se transformaba ahora en el motor de sus pensamientos y de sus acciones. Con una energía cada vez mayor se lanza al campo de la gloria de Dios y a la conquista de las almas. Veía en ello la obra mayor de la omnipotencia del Supremo en la Tierra, y se dispuso a seguir su ejemplo.

Por aquellos días pasaba la mayor parte de la jornada en la casa parroquial con otro de sus apreciados clérigos, el teólogo Cinzano, prestando servicios y atendiendo a los enfermos. Los asistía caritativamente, les administraba la extremaunción y tomaba parte en las funciones litúrgicas. También entretenía gustoso a los niños instruyéndolos y animándolos a ser buenos cristianos. Experimentaba una particular alegría al bautizar a los recién nacidos.

Su prestigio había crecido en la comunidad y los ofrecimientos para asumir funciones espirituales en acaudaladas familias iban y venían. Los ofrecimientos eran tan estimulantes, que en un momento Don Bosco entró en la disyuntiva de su futuro. A sus 26 años tenía tres posibles destinos: el primero, como profesor en casa de una noble familia genovesa, con un estipendio de mil liras anuales. El segundo era una propuesta para ser capellán en la aldea de Murialdo. La tercera perspectiva era ser el vice-párroco de Castelnuovo, donde tanto le apreciaban sus feligreses, especialmente el teólogo Cinzano.

Parientes y amigos intentaban convencer a su madre, Margarita, para que persuadiese a su hijo sobre la conveniencia de aceptar el puesto en la noble familia genovesa. Por esa dedicación quedarían a cubierto sus alimentos y vestuario; por tanto, con el estipendio limpio podría mejorar las condiciones de su familia. Pero la buena Margarita, intuyendo que no siempre reina la inocencia de costumbres tras las cortinas de seda, respondía:

-¿Mi hijo en casa de señores...? ¿Qué haría él con las mil liras; qué hago yo con ellas; qué haría su hermano José, si Juan perdiera luego su alma...?

Pese a la claridad con que ella planteaba el futuro de su hijo, no era para tomar livianamente los ofrecimientos que se le habían hecho, más en una época muy complicada para la sobrevivencia. El ser capellán en la aldea de Murialdo le significaría aumentar la retribución que hasta entonces se acostumbraba a dar al sacerdote, más en este caso, que sería el doble que pretendían darle los aldeanos. Eso le proporcionaría un buen pasar. Ahora, el ser vice-párroco de Castelnuovo, una ciudad importante y donde se le apreciaba en demasía, también resultaba tentador para él. Sin embargo, Don Bosco acostumbraba a colocar en primer lugar la gloria de Dios y la salvación de las almas cuando debía tomar una decisión, y después calculaba si con lo que se le brindaba podría conseguir su noble propósito.

Rogaba a Dios que le iluminara y al mismo tiempo pedía consejo a personas doctas y piadosas. Cuando estaba moralmente seguro de que su proyecto era del agrado del Señor, resolvía realizarlo. Esa fue la norma que siguió durante toda su vida.

Tratándose ahora de definir su futuro, el brillante sacerdote se fue a Turín para pedir consejo al eclesiástico José Cafasso y así seguir la voluntad de Dios. El santo sacerdote, que era profesor de teología moral en la Residencia Sacerdotal N°1 de San Francisco de Asís, se había convertido en guía temporal y espiritual de Juan Bosco. De sus labios escuchó entonces los diversos ofrecimientos de gran dinero que se le ofrecían, las instancias de parientes y amigos que también estaban interesados en sus servicios pastorales, frente a su decidida voluntad de dedicarse al apostolado. Luego de mostrarle su futuro, Cafasso concluye con algo inesperado:

—Usted, amigo mío, necesita estudiar moral y predicación. Le aconsejo renunciar por ahora a toda otra proposición y venga a la Residencia Sacerdotal. No hay sacerdote que ignore, al menos en Italia, qué es la Residencia Sacerdotal de Turín.

Admirado por el consejo, le pareció que la recomendación del clérigo tocaba el hilo superior de la hebra, pues difícil le sería dedicarse, fuera de la Residencia, a un estudio completo y organizado de la moral práctica, necesaria para su futura y variadísima misión. En su pueblo habría tenido que contentarse con un estudio privado e insuficiente para tal fin; y fuera de éste, tendría que ganarse el sustento con ocupaciones ajenas al sagrado ministerio y con excesivo trato de personas seglares.

La falta de aquella benéfica institución había ocasionado en el pasado escasez de confesores hábiles para toda clase de personas, y en consecuencia, cierta dificultad en el pueblo cristiano para acercarse a los sacramentos. ¿Iba Don Bosco a aceptar o a dejar aquella oportunidad con que hacerse apto para la dirección de miles y miles de almas, de toda edad, sexo y condición, de todo orden y grado sacerdotal y religioso?

Los consejos del padre Cafasso siempre habían sido para Don Bosco mandatos e inspiraciones del Cielo, así que aceptó de buen agrado su recomendación y renunció generosamente a todo empleo lucrativo por la satisfacción que le impulsaba a ocuparse de los niños y jóvenes de su pueblo. Presentía que se trataba del comienzo de una misión larga y compleja que debería asumir por mandato de Dios, y decidió ingresar a la Residencia Sacerdotal sin ningún otro pensamiento. Así, el 3 de noviembre de 1841 celebraba su última misa en la iglesia de Castelnuovo y se pone en camino hacia Turín.

Sus pensamientos y afectos de aquel momento solemne están reproducidos en una vieja página escrita de su puño y letra, poco tiempo más tarde: "A gloria de Dios, ese era el momento de entregarme al Altísimo para formar buenas personas que fueran un día dignos ciudadanos del Cielo". En sus líneas está claramente retratado que la primera idea que se le manifestó en los sueños fue la misma misión de la Virgen, esto es, la de un solo rebaño bajo un solo pastor. Su ardiente deseo no solo apuntaba reunir a los muchachos de Turín y sus alrededores, sino a los de todas las naciones de la tierra, cristianos y paganos, católicos y herejes, salvajes e incivilizados y dar a conocer el verdadero Dios y a su Hijo Jesucristo. Su caridad no debía conocer límites.

La miseria directa

Por esa época el mundo estaba atravesando por la revolución industrial, el desarrollo del concepto moderno de la democracia, los grandes inventos y el impresionismo artístico. Italia, que era un reino, estaba siendo gobernado ahora por Víctor Manuel II después del reinado de los Saboya. Pero la superación de la pobreza tardó en llegar a esa parte de Europa, y bien lo supo Juan Bosco, que después de ordenarse sacerdote y salir a la calle a tomar contacto con la comunidad, advirtió más directamente la tremenda realidad.

En noviembre de 1841 había en Turín 7 mil 148 niños menores de 10 años que actuaban como obreros y otros en oficios tan variados como el pintado de muros, sastrería, carpintería, limpiadores de chimeneas, albañiles, comerciantes, basureros, jardineros y más. Lo hacían por escasas monedas, pero por la falta de orientación que no tenían, gastaban ese dinero en juegos y placeres. Los obreros adultos, a la vez, trabajaban hasta 14 horas por exiguos salarios de 20 y 30 liras de la época.

Pese a que los nuevos oficios que brotaban, producto del coletazo de la revolución industrial de las grandes capitales europeas, la pobreza no cedía y las cárceles estaban hacinadas de jóvenes delincuentes. La misteriosa llama que lo impulsaba a cuidar de los muchachos se inflamó en su corazón al contemplar la miseria y abandono de tantos jóvenes. Le parecía un espectáculo lastimoso el de los grandes centros y ciudades populosas, más que lo que se producía en los pueblos campesinos.

Al pasar junto a talleres y fábricas, fácilmente oía palabrotas de doble sentido, canciones lascivas, maldiciones y burlas; y, entre las voces mayores, también oía la de algún muchacho que, golpeado y maltratado por un patrón inhumano, lloraba, se enfurecía, se embrutecía y alimentaba pensamientos de odio y venganza.

Al pasar por las casas en construcción descubrió a chiquillos de 8 a 10 años -necesitados todavía de los cuidados y caricias de una madre-, que permanecían durante el día lejos de su pueblo natal, al servicio de albañiles, subiendo y bajando andamios poco seguros, con sol y con lluvia, a todo viento, cargados con cubos de cal, de ladrillos u otros pesos mayores.

Cada día descubre a muchachitos cubiertos de harapos, cuyos padres, por negligencia, pereza o vicio, los enviaban o los echaban a la calle. Otros obligaban a los chiquillos a pedir limosna a los transeúntes, acostumbrándolos a la mendicidad y al ocio para ahorrarse el gasto de proveerles de pan.

Estos niños andaban por las calles, por los arroyos, por las avenidas, sucios de barro y de polvo, y corrían, se divertían, se peleaban, sin que nadie les dijera una palabra de vida eterna, viendo solo malos ejemplos, miseria y picardía. Comprendió que esa forma de vida era la que envenenaba precozmente sus tiernos corazones.

También se encontró con grupos de muchachotes ociosos, burlones, provocadores, que llevaban ya en su frente la marca del desenfreno y que no tardarían en ser arrastrados al delito por infames amigos o por las propias pasiones. Eran los mismos que se encontraban en la cárcel o ante el patíbulo y no había nadie que se preocupara de tenderles una mano para

La bondad del santo y de su madre no daba abasto para atender a tanto niño desvalido y hambriento.

liberarlos de la justicia divina y humana.

Durante un tiempo observó al atardecer torrentes de obreros que regresaban del trabajo para encerrarse en repugnantes buhardillas o bajar a lóbregas viviendas subterráneas donde, amontonados, les resultaba más fácil pagar una renta en conjunto. Entre ese hacinamiento se entregaban al descanso después de una fatigosa jornada. En medio de este cuadro de terror estaban además chiquillos, que sin familiares cercanos o abandonados por ellos, respiraban ahí el aire fétido y corrupto, sin oír jamás una buena palabra o un consejo cristiano.

Fue con este panorama desolador que se encontró Don Bosco en los primeros días de su estancia en Turín. Ante la impotencia de ver a tantos niños vagabundeando por las calles, sin norte ni sur, él hacía lo que podía: les regalaba una medallita o unas monedas para comer. Como hombre de fe, le angustiaba que ninguno fuera al catecismo, porque nadie tenía interés en que fueran. Los párrocos atendían con diligencia su ministerio, llenos de compromisos, mientras los vecinos, en general, no tenían mayores hábitos religiosos.

En pleno crecimiento económico, en Turín se advertía el desarrollo del comercio y la producción de la industria, pero también las diversiones a las que acudían millares de obreros procedentes de la región de Biella y de Lombardía. Eran los mismos que saliendo de sus aldeas a la gran ciudad perdían pronto su dedicación religiosa al contagiarse con el jolgorio ciudadano. Esas tentaciones los hacían olvidarse de las verdades aprendidas y dejaban de practicar los deberes del buen cristiano.

Estaba además la otra parte de la plebe, que habitaba en los barrios más apartados, poco accesibles a los sacerdotes, lejos de las parroquias, y que se mantenía en una gran ignorancia de todo lo tocante a la fe y a las buenas costumbres. Anexado a esos barrios populares estaban también las cárceles, donde se unían todas las desventuras.

Don Bosco siente en un momento que es la Divina Providencia la que lo ha puesto en contacto con la realidad para redoblar el celo que le permita la salvación de los muchachos. De tal modo que, gracias a su mentor, el padre Cafasso, que hacía años que estaba inscrito en la Cofradía de la Misericordia, se le elige entre otros ocho sacerdotes para visitar las cárceles y atender a los presos en sus necesidades espirituales y materiales.

Los niños sin destino encontraron en él a un padre, un maestro y a un amigo.

Al conocer esas experiencias, escribe Don Bosco: "En una celda se ríe y se bromea, en otra se canta o se oyen gritos que más parecen de animales feroces que de humanas creaturas. Escucho maldiciones, contemplo riñas, presencio conversaciones obscenas, siento desaguar horribles blasfemias contra Dios, la Virgen y los santos...". A pesar de ese cuadro desolador e intimidante, no da la menor muestra de repugnancia o de fastidio, ni señales de amedrentamiento.

Compartiendo con su mentor lo que en la prisión ha visto, le comenta:

-Es probable que si esos hombres y jóvenes hubieran tenido un amigo que se hubiera interesado por ellos, no estarían allí, porque no serían lo que representan.

Durante sus frecuentes visitas a las prisiones, Don Bosco se preocupa de impartir lecciones de catecismo, invita a otros sacerdotes y a sus alumnos para prestarles ayuda, y así consigue ganarse el corazón de mucha gente perdida. Por esta preocupación suya, aquellas cárceles que parecían antros del infierno se convierten en poco tiempo en moradas de hombres que, considerándose cristianos, recién empezaban a amar y a servir a Dios.

En una oportunidad el Padre Cafasso le pide a Don Bosco que lo acompañe a un penal donde dará la extremaunción a unos condenados a muerte. De sólo ver la horca en el patio interior, el santo se estremece y está a punto del desmayo. Cafasso, que ya los había visitado antes, pretendía salvar sus almas en el último momento, y eso le bastaba para darle fuerza.

Éste fue uno de los campos de apostolado que Don Bosco atendió con especial dedicación entregando a los presos ropa, comida, material de limpieza y otros utensilios. Los visitaba regularmente, y con paciencia y dulzura conseguía que muchos se confesaran y rectificaran el mal camino que habían emprendido. A los que tenían fecha de ejecución los visitaba semanalmente, preparaba sus almas y los acompañaba hasta el lugar del suplicio, inspirándoles sentimientos religiosos. Se narra que del medio centenar de condenados que acompañó hasta el patíbulo, ninguno murió sin confesarse y todos se mostraron verdaderamente arrepentidos por los delitos que habían cometido.

Colección Vida de Santos

La apología

Delegando su labor pastoral en otros sacerdotes para secundarlo en las cárceles, Don Bosco se aleja un día de Turín, pero está falto de recursos económicos. No tiene ni un céntimo en el bolsillo, pero camina con sencillez y seguro que Dios le proveerá. Mientras se dirige a la ciudad de Alba, que el padre Cafasso le ha confiado, en el trayecto escribe una apología que deberá exponer en la congregación sacerdotal, donde sabe que tendrá un cupo para explicar las ideas de su obra.

Estando en plena congregación, expone a los clérigos su imaginativa visión de encontrarse en Roma, con la ciudad tendida ante sus ojos y contemplando frente a sí a un joven cansado de mucho caminar, que se detiene absorto en profundos pensamientos y con la mirada fija en aquel espléndido panorama.

Mirando a la concurrencia, Don Bosco invita a los asistentes a acercarse imaginariamente a ese joven para hacerle algunas preguntas, e inicia entonces el siguiente monólogo:

—¿Quién eres y qué miras con tanta ansiedad?

—Soy un pobre forastero; contemplo esta gran ciudad y un pensamiento embarga mi mente, pero temo que sea una locura o una temeridad.

—¿Cuál?

—Consagrarme al bien de tantas pobres almas, de tantos pobres muchachos que, faltos de instrucción religiosa, caminan hacia la perdición.

—¿Tienes alguna enseñanza?

—He asistido a pocas escuelas y no me cuento entre los sabios.

—¿Tienes medios materiales?

—No, no tengo más que el pedazo de pan que por caridad me da mi amo cada día.

—¿Concurres a alguna iglesia? ¿Tienes casa?

—No tengo más que una baja y estrecha habitación que me permiten usar por caridad. Mi ropero es un simple cordel sujeto de una pared a otra, en el cual cuelgo mis pertenencias.

—¿Y cómo quieres emprender una obra tan gigantesca sin un nombre, sin enseñanza, sin haberes y sin algún sitio donde vivir?

—Es verdad... Esta falta de medios y de cualidades me preocupa. Pero Dios, que me infunde valor, que de las piedras suscita hijos de Abraham, ese Dios es quien me ayudará.

—¿Amas a la Virgen?...

Al llegar a este punto, Don Bosco suspende el monólogo que él mismo encarna a fin de describir el semblante del joven, su sonrisa y el brillo de sus ojos al oír la pregunta, y termina preguntándole:

—¿Cómo te llamas?

—Felipe Neri.

El santo entra entonces en el tema que ha ido a disertar, exponiendo a sus oyentes la misión realizada en Roma por San Felipe de Neri, quien en 1548 fundara con su confesor la Confraternidad de la Santísima Trinidad, una comunidad de seglares dedicada a ayudar a peregrinos, enfermos y pobres. Y cuando pronuncia la palabra "Felipe Neri", más de uno de los asistentes corrige en voz baja:

-Juan Bosco...
Y a continuación se desata una aclamación general:
- ¡Juan Bosco! ¡Juan Bosco! ¡Juan Bosco!
Todos habían entendido que la obra de San Felipe de Neri era como la propia vida de Don Bosco.

Aquella manifestación le cayó muy bien al sacerdote. Aún sin un centavo en los bolsillo se sintió animado y confiado en la ayuda de la Divina Providencia, y reafirmó su decisión de no volver atrás ni ante las mayores fatigas y peligros.

De ahí en adelante, toda empresa que se le propuso consideraba, primero, su necesidad o utilidad para la gloria de Dios y salvación de las almas, y después estudiaba los medios a emplear y los ponía en práctica con energía, con la seguridad de que el Señor no le abandonaría. Ese sería siempre su camino y su ruta.

Desde sus años de seminarista, sus guías eclesiásticos lo consideraban un genio ideando una y qué otra travesura para alentar a los decaídos o traspasarles su fe religiosa. Una vez ingenió un curioso sistema para aliviar a los enfermos invocando a La Virgen María. Su idea consistía en recetar una especie de píldoras de migas de pan o unos polvos, mezcla de azúcar y harina de maíz, para aliviar ciertos padecimientos. Era su forma de recurrir a la ciencia médica bajo condición de acercarse a los Sacramentos y rezar un determinado número de avemarías, de salves o de otras oraciones a Nuestra Señora.

La medicina prescrita y las oraciones señaladas debían cumplirse durante tres días, unas veces, y otras durante nueve días. Lo cierto es que hasta los enfermos más graves se curaban. El milagro de su medicina trascendió de pueblo en pueblo y un gran número de enfermos acudía donde el nuevo médico, que día a día ganaba más confianza con el éxito de sus remedios.

Tal vez la misma Virgen María le había concedido visiblemente la gracia de las curaciones que él ocultaba tras la artimaña de las píldoras y los polvos, para no ser objeto de admiración. Aún siendo sacerdote, mientras estuvo en la Residencia Sacerdotal siguió valiéndose de este medio, que solamente abandonó después de un caso verdaderamente singular.

Ocurrió que en 1844 cayó enfermo en Montafía un ciudadano árabe. Ninguna prescripción médica le curaba y él no podía ni moverse de su cama. Entonces uno de los miembros de su familia acudió donde Don Bosco, el cual, después de aconsejar la confesión y comunión para el enfermo, le entregó al pariente una cajita con las consabidas píldoras de miga que el árabe debía tomar cada día en determinadas dosis, rezando antes tres salves. Apenas el árabe tomó las primeras píldoras se curó radicalmente. Todos quedaron maravillados. El farmacéutico, que antes le atendiera, se apresuró a ir a Turín y pidió hablar con Don Bosco, y una vez frente a él, le expresó:

—Admiro su talento y el poderoso específico que usted ha inventado, Padre. Los hechos demuestran que es un antifebril de gran eficacia. Le ruego, con toda mi alma, me venda una cantidad de su fármaco o me diga el secreto, a fin de que el pueblo de Montafía en masa no tenga que venir hasta Turín para proveerse de él.

El santo se quedó perplejo y no se le ocurrió otra salida que ésta:

—Se me han acabado las píldoras; lo siento, no me queda ni una.

Al volver a su casa el farmacéutico, intrigado por conocer los ingredientes de las píldoras, se procuró algunas, que conservaba la familia, e hizo de ellas un análisis químico. Al descubrir de qué se trataba, exclamó sorprendido: "¡Pero si no es más que pan y sus curaciones son evidentes!".

Sorprendido por su descubrimiento acudió donde otro farmacéutico, amigo suyo, y entre los dos investigaron las píldoras. Después de analizarlas detenidamente, ambos concluyeron que se trataba sólo de pan. La noticia corrió por todo el pueblo, y el mismo árabe al que sanara fue a Turín a visitar al cura para darle las gracias. Lo puso al tanto de los rumores sobre las píldoras de pan y le rogó que le revelara el secreto de la medicina.

-¿Rezó usted con fe las tres salves? —le preguntó Don Bosco.

-¡Cómo no! Usted puede estar muy seguro de ello.

-¡Pues, con eso es suficiente ya!

Al ver descubierta su artimaña, el salesiano abandonó aquel método de curación y recurrió, como religioso, únicamente a la eficacia de las bendiciones.

Curaciones por la oración

Monseñor Juan Bertagna asegura que ya había advertido que, siendo Don Bosco un jovencito, observó desde sus primeros años de sacerdocio un gran interés de los habitantes de Castelnuovo para recurrir a él con la esperanza de que su bendición devolvería la salud a muchos enfermos. Dice el prelado que la esperanza de esas personas estaba bien fundada porque su confianza en la fuerza de las oraciones y en la eficacia de la bendición sacerdotal, apoyada en las promesas hechas por Nuestro Señor Jesucristo en el Santo Evangelio, no tenían límite.

Se cuentan por millares las gracias que los fieles aseguraban haber obtenido de la Santísima Virgen, mediante la bendición y las oraciones del sacerdote. Su acción llegó a conformar una cadena sorprendente de maravillas que se fue entrelazando continuamente en sus agrupaciones, animándolas, sosteniéndolas y multiplicándolas incesantemente, hasta el punto de hacerse universal la persuasión de que la vida de Don Bosco no era más que un continuo bendecir, y que cualquier empresa en la que él pusiera sus manos, lograría el éxito deseado.

No debe extrañar nada todo esto, si se considera que el fundador de la Congregación Salesiana era un hombre de fe grandísima. Prestaba pleno asentimiento de mente y voluntad a todas las verdades reveladas por Dios. Su profunda adhesión espontánea, sin sombra de menor duda, jamás fue desmentida a lo largo de su vida por ningún acto o palabra suya.

Constantemente ponderaba la suerte de haber tenido una madre piadosísima que, a su tiempo, le había enseñado el catecismo y encaminado a la piedad. Daba gracias al Señor por estos grandes beneficios cada mañana y cada noche. Cien veces se le oyó inculcar la gratitud a Dios por haberle concedido nacer en el seno de la Iglesia Católica.

Jamás se le acercaba a alguien sin que le hablase de alguna verdad o pensamiento de fe. Y lo hacía con singular destreza, sin el menor esfuerzo, con naturalidad. Lo hacía hasta cuando se refería a cosas materiales o de negocios. Y cuando quería promover la hilaridad con algún chiste, sabía hablar de Dios de un modo tan atractivo, que su conversación resultaba agradable, incluso para los que jamás hubiesen querido oír hablar de cosas religiosas.

Tan compenetrado estaba con la idea de la fe, que a través de ella informaba de sus pensamientos y de sus actos. Ese espíritu de fe se traslucía en el saludable temor que tenía de ofender la santidad de Dios y su justicia y en el grandísimo horror que sentía por el pecado.

Evitaba con sumo cuidado no sólo lo que evidentemente era malo, sino hasta lo que tenía apariencia de tal. A veces se preocupaba de acciones o palabras que se podían tomar por virtuosas o, al menos, exentas de toda imperfección. De ahí procedía su eficaz deseo de atender a la perfección. Y por eso, desde entonces, se le veía practicar los tres consejos evangélicos de castidad, pobreza y obediencia, con un empeño que no le podía superar ni el más ligado a ellos por los votos.

Quien no le conocía, le admiraba sin poder darse cuenta del motivo de su observancia. Pero algunos compañeros de la escuela y del Seminario de Chieri, a quienes había participado sus secretos, manifestaron ese motivo a don Francisco Dalmazzo, el cual estaba dispuesto a dar fe de ello con juramento.

Don Bosco se había consagrado a Dios con votos perpetuos, siendo todavía seminarista. A los pies del altar de la Virgen María le ofreció el lirio de su corazón. Impedido prudentemente de ingresar, por entonces, en una orden religiosa, a la que se sentía fuertemente atraído, obedecía la voz del Superior, pero ligaba su libertad para estar pronto al servicio divino en cualquier momento de su vida. Y por esto mismo manifestaba también gran amor a la mortificación y a la pobreza.

Durante los meses que pasó en su casa, en vacaciones, y durante los primeros años de su estancia en Turín, recordaba siempre el consejo de Margarita, de "no abandonar ni olvidar a quienes han ayudado", gratificándolos siempre. Por eso, a los que iban a visitarle en Susambrino y en I Becchi, o acudían para que les diera alguna lección de gramática, los llevaba a la viña y les obsequiaba alguna fruta. Pero él jamás probaba uvas, ni melocotones, ni ninguna otra clase de especies naturales que en aquella estación abundaban entre los viñedos. Se había autoimpuesto la ley rigurosa de no comer ni beber fuera de las horas de comida.

Su conducta moral fue siempre admirable. Parecía que una aureola de modestia envolvía su persona y brillase en todos sus gestos. Ajeno a la curiosidad, rara vez se le vio asistir a un espectáculo, salvo aquellos pasatiempos en que él mismo era el actor para entretener a los muchachos. Pero su fe vivísima se manifestaba particularmente en la celebración del Santo Sacrificio.

Amigos de su misma edad, como José Moglia y Juan Filippello, cuentan que durante aquellos meses de verano asistieron frecuentemente a su misa y quedaron impregnados de su devoción y fervor, conmoviéndose hasta las lágrimas.

Tendiendo puentes

Con la idea de ser un puente entre los jóvenes y velar por su bienestar, el Ciervo de Dios comenzó a prestar servicios pastorales en diferentes centros de Turín, estableciendo sedes deportivas y culturales. Paralelamente, y a sugerencia de su confesor, se embarcó en un nuevo plan de estudios de otros tres años para fundar lo que fue conocido como Instituto Pastoral (Convitto Eclesiástico). Tenía el propósito de fomentar el sacerdocio.

En este mismo instituto acondicionó salas y habitaciones que se convirtieron en la residencia de los sacerdotes recién ordenados. Vivían en ella comunitariamente, sujetos a un reglamento colegial y recibían, mañana y tarde, lecciones de Teología Moral, Oratoria Sagrada y Pastoral. En este ministerio sacerdotal los novicios eran dirigidos por competentes y probos sacerdotes, en la propia iglesia del convictorio, y atendían a diversos centros religiosos y de caridad, hospitales, escuelas, correccionales y cárceles. El apostolado abarcaba un período de tres años, al final de los cuales recibían un título.

Mientras Don Bosco estaba en el Instituto, una mañana de domingo fue a celebrar la misa a la parroquia de San Francisco de Asís, que estaba muy cercana. Al ingresar al templo advirtió que el sacristán, de apellido Comotti, le daba un mal trato a un muchacho de unos 16 años, de nombre Bartolomé Garelli, porque no sabía acolitar.

-¡Esa no es manera de tratar a un niño! –intercedió frenético.

-Es que él ya debiera saber los deberes que corresponden a un acólito –se defendió el sacristán.

Entonces el santo lo llevó al patio y conversó con el niño. Éste le contó que sabía poco y nada de los principios religiosos por desconocer el catecismo, no haber hecho la Primera Comunión y vivir como un niño pobre y abandonado. Aquella confesión lo sobrecogió, comprometiéndose a darle sus primeras lecciones de catecismo, a procurarle comida y un techo donde vivir.

Al siguiente domingo el pequeño Garelli regresó a la misa con 20 muchachos que querían participar del oficio y conocer al cura. Al mes siguiente los jóvenes llegaron a ser 80 –algunos recién salidos de la cárcel- y que pusieron en duros aprietos al cura por las miserias que arrastraban. Ese hecho marcó el inicio del Oratorio de Don Bosco, que sería la obra más encomiable por la que se le conocería. Pero no le resultaría una tarea fácil por las dificultades que le sobrevendrían.

-¡El padre se ha hecho rodear de puros ladrones y truhanes! –fue el clamor generalizado de los ciudadanos de Turín.

-¡Está planeando una revolución, valiéndose de esos muchachos que están dispuesto a todo! –aumentó el tenor de la protesta.

Don Bosco insistía en que "basta que estos chiquillos encuentren un corazón que los ame para que cambien sus conductas y se porten bien". Pero nadie lo escuchaba. Ante tal criterio, no encontró ayuda monetaria ni material para llevar adelante su Oratorio, más cuando personeros de la propia Iglesia se sumaron a la reprobación de su obra. Lo acusaban de robarle la feligresía a otras parroquias, a las que pertenecían los jóvenes, y hasta dudaron que estuviera en su sano juicio.

El padre Borel le sugirió que redujera el grupo a 20 chiquillos, de los más de 100 que acudían regularmente a su parroquia. El Marqués de Cavour hizo pública su advertencia de que el cura estaba perdiendo soberanamente el tiempo, y los sacerdotes Vincenzo Ponzati y Luis Nasi hicieron cuidadosos arreglos para ingresarlo en un hospital mental.

En un momento la situación se tornó insostenible, y el padre José Cafasso lo mandó a llamar para ver de qué manera podía resolverse el conflicto. Bosco acababa de culminar sus tres años de estudio en el Instituto Pastoral y el espacio en el Oratorio se le había hecho pequeño para mantener a tanto muchacho.

−¿Le gustaría ir a un ministerio? ¿Ha pensado en alguno? −lo sondeó el clérigo.

−Yo quisiera ir al lugar que Dios escoja para mí −respondió él con franqueza.

Despejado el camino, don Cafasso decidió que el joven fraile debía ponerse en contacto con el cura Borel para que éste lo oficializara en su nuevo cargo, que sería el de director del Internado de Niñas de Santa Filomena, donde confesaría a las alumnas y predicaría. Simultáneamente tendría que dirigir la obra llamada "Refugio", adonde acudían menesterosos y niños desvalidos. Borel no era al principio uno de sus mejores aliados, pues no veía con buena cara que el joven sacerdote se mezclara con jóvenes que tenían prontuario delictual.

Estas dos obras eran patrocinadas por la Marquesa de Barolo, que pese a su carácter autoritario, disponía de una caridad inagotable. Don Bosco le comunicó su pretensión de impartir el catecismo a los hijos de la calle, y para ese objeto le pidió un espacio donde poder hacerlo. La aristócrata le cedió un par de piezas y un pequeño patio de su propiedad; suponía que con eso bastaría.

Al correrse la voz de que había un cura que escuchaba

y orientaba a los jóvenes desamparados, el espacio no fue suficiente, porque al domingo siguiente se atestaron las salas, las escaleras, el pequeño patio y hasta los pasillos. Todos querían conocer y escuchar al nuevo padre.

Consolidando la obra

Al transcurrir los días el número de niños y jóvenes siguió aumentando, con las consiguientes molestias para la Marquesa, que veía cómo sus cuidadas flores eran aplastadas y el recinto se iba deteriorando. Tanto Don Bosco como el cura Borel no disponían de tiempo para vigilar simultáneamente a tantas personas. Sólo las confesiones les demandaban horas de tiempo, instante en que los muchachos quedaban al libre albedrío.

Otra vez la comunidad expresó su preocupación al ver cómo la calle era ocupada por estos adolescentes de malas costumbres y sin hábitos formativos. La Marquesa también se inquietó, y citó al santo a una reunión. Ahí le dijo:

-Esto se está saliendo del tiesto. Sus niños ocupan mucho más espacio del que hay, y todo lo destruyen. Deme usted una alternativa para encontrar una solución, o se van.

El fraile sabía que la mujer estaba en lo cierto, pero no podía negarles la atención, y sin ninguna perturbación le explicó su plan:

-Las dos salas se hicieron pequeñas, y como el internado de niñas se está ampliando en su construcción, yo le propongo que nos otorgue a nosotros también otras piezas de la parte antigua para realizar las actividades. Así evitaremos que los chicos tengan que desplegarse a la calle.

La Marquesa de Barolo no estaba muy convencida con su plan, pero optó finalmente por cederle otras dos piezas a cambio de que el patio con sus plantas y flores no se volviera a tocar. Don Bosco no cabía de gusto por el resultado de la reunión, y a poco instaló en una de las piezas la primera capilla con el nombre de San Francisco de Sales, el obispo inspirador. Allí organizó misas, confesiones e impartió las clases de catecismo.

Dado el número de asistentes, que siguió creciendo, en mayo de 1845 el sacerdote se reunió por primera vez con cerca de 500 jóvenes en los predios del cementerio abandonado de la Iglesia de San Pedro, cerca de la Capilla de San Martín. En esa ocasión conocería a quien tendría gran importancia en la vida salesiana. Se trataba de Miguel Rúa, joven que llegaría a ser su mano derecha y su primer sucesor.

Como las piezas que le cediera la benefactora se hicieron estrechas, Don Bosco arrendó al padre Moretta otras habitaciones y además tomó en alquiler el campo de los conocidos hermanos Filippi. Pero como esto último tenía una fecha de término, el fraile buscó previamente otro lugar donde pudiera establecerse definitivamente con sus muchachos.

Fue un conocido suyo, Pancrazio Soave, quien descubrió que un gentil de Turín, llamado Francisco Pinardi, disponía de un terreno para la venta. Así, el 5 de abril de 1846, un día antes de que venciera el plazo para abandonar el campo de los Filippi, Don Bosco cerró el trato para adquirir la franja de tierra por 350 francos. Esa compra marcaba para él una nueva fase en las palabras que le dirigiera la Virgen María, al anticiparle "la conducción de un rebaño".

El Rey Carlos Alberto de Piamonte-Cerdeña –territorio que más tarde sería Italia-, enterado de las labores del cura en beneficio de los hijos de la guerra, fue una de las primeras autoridades civiles que apoyó su obra. Con la autoridad que

Ambiente muy cercano a la realidad, durante la construcción de su primer oratorio.

disponía pudo evitar que el Conde de Cavour prohibiera la fundación de su Oratorio. Cavour veía a Don Bosco como sospechoso de actividades contrarrevolucionarias por sus vínculos con el papado, y eso no le gustaba.

El Rey quería una Italia libre para hacer florecer en ella la religión y la justicia. Hacía años que las sectas realizaban astutamente un trabajo destructor para minar los tronos y a la Iglesia Católica en todas las regiones de Italia, especialmente en el Reino Pontificio. Los jefes supremos de la masonería ya habían redactado en 1819 y 1820 una instrucción permanente que revelaba ciertas intenciones que se contraponían con la Iglesia.

En los terrenos que pertenecieran a Pinardi, ubicados en la localidad de Valdocco, instaló Don Bosco, en definitiva, su misión. Ya nadie podría echarlo por tratarse de una propiedad que no pertenecía a personas ajenas a la obra. La construcción de las dependencias demandó su tiempo y en ella intervinieron esencialmente los muchachos del Oratorio, guiados por técnicos que conocían el oficio.

El 12 de abril de 1846 el Arzobispo bendijo la capilla, que había sido la primera construcción que se hiciera, y desde su inauguración aumentó considerablemente el número de huérfanos que buscó orientación y refugio en el nuevo lugar.

Los primeros jóvenes que aceptaron la propuesta de Don Bosco para unírsele en su cruzada fueron Miguel Rúa, Domingo Savio, Juan Cagliero, Francesia, Ángelo Savio, Rocchietti y Turchi. Tenían entre 17 y 20 años, mientras Don Bosco acababa de cumplir los 31 años. Todos ellos llegarían a ser grandes figuras del catolicismo.

El primero en hacer sus votos fue Miguel Rúa y luego le seguiría el resto. (Rúa fue más tarde un sacerdote católico, Rector Mayor de la Congregación Salesiana entre 1888 y 1910 y primer sucesor de Don Bosco. Colaboró con doña Dorotea de Chopitea en las fundaciones de misiones salesianas en tierras chilenas y en Barcelona. Su padre era primo hermano del prócer José Miguel Carrera, y sería beatificado en 1972).

Su colaborador Domingo Savio fue el santo más joven de la Iglesia Católica y el símbolo más representativo de los niños y jóvenes de la época. Por otro lado, Juan Cagliero, en su período eclesiástico, colaboró en las misiones salesianas en Argentina, conoció a la beata Laura Vicuña Pino, de quien fue confesor, y fue obispo de Casale. Culminó su carrera religiosa como el primer cardenal salesiano en la historia del catolicismo universal.

Margarita, ya de 58 años y que se había trasladado a Valdocco para ayudar a su hijo en la obra, se constituyó en su mejor compañía, aconsejándole, animándole y haciendo también de madre de los primeros jóvenes acogidos en la que provisoriamente se llamó "Casa Pinardi".

Siempre agradecer

Don Bosco jamás olvidó manifestar su agradecimiento a las personas que le habían ayudado, ni tampoco de los que le apreciaron en su momento. Después de llevar un tiempo como sacerdote dejaba su tiempo para retomar lazos. En una oportunidad fue a Moncucco para visitar a la buena familia de los Moglia, que le abrieran las puertas de su casa cuando estaba solo y desvalido siendo un niño. Permaneció todo un día compartiendo con ellos, y luego se trasladó hasta Pinerolo para saludar a los señores Strambio, con cuyos tres hijos conservaba una buena amistad.

Siguió en su recorrido hasta Fenestrelle, donde predicó por invitación del párroco amigo suyo, y no olvidó a su antiguo maestro, el cura Lacqua, que le había enseñando sus primeras letras. El religioso ya estaba retirado del lugar en que se desempeñara, esta vez en Ponzano, pues sobrepasaba los 86 años. Al no poder reunirse con él, Don Bosco le dirigió una carta, donde decía que lo pasaría a ver en otra oportunidad y lo invitaba a oficiar misas en su Oratorio. Don Lacqua le respondió más tarde en los siguientes términos:

"Queridísimo amigo y predilecto alumno: He aquí en pocas palabras la respuesta a la suya gratísima recibida, leída y releída muchas veces ayer tarde. Me complazco y me alegro inmensamente de su promoción al sacerdocio: honor y recompensa bien merecidos que el cielo le concede".

"Mucho le agradezco su atención para procurar satisfacer mi deseo de una vida solitaria y retirada, y por ello le doy las más rendidas gracias. Acepto con gusto el ofrecimiento de misas que su amabilidad me encarga.

Le deseo toda suerte de bienes y me profeso siempre suyo, LACQUA Pbro. P. S.

Después de la novena de octubre y la fiesta del Santo Rosario, el salesiano decidió cumplir su promesa de volver a Ponzano para reunirse con Lacqua. Para el viaje el fraile se hizo acompañar de un adolescente que le ayudaba en el Oratorio y que estaba muy habituado a las travesuras. Luego de caminar unos cuántos kilómetros a pie, se extraviaron hacia dónde iban, y al anochecer se desencadenó una tremenda tormenta con rayos y truenos, que los sorprendió a cielo raso.

Cuenta Don Bosco en sus escritos que por ser un lugar desolado y de muchos árboles, era muy difícil retomar la ruta hacia dónde iban. Pero cuando ya habían perdido las esperanzas de tener que pasar la noche bajo la lluvia, sintieron un exquisito olor a pan recién cocido, que los guió hasta una choza en que estaban varios hombres y mujeres en torno a un horno de barro. Felices por el encuentro se acercaron, pero apenas éstos se dieron cuenta de su presencia, dejaron todo botado y escaparon hacia la casa, trancando firmemente las puertas.

Decepcionado por el recibimiento, Don Bosco se aproximó a la choza para entrabar un diálogo. Hizo señas, gritó y no hubo respuesta.

-Salgan, no teman; somos gente honrada que hemos perdido el camino. Apenas si nos aguantamos de pie; estamos rendidos.

Pero tampoco hubo respuesta. Sólo se advertían algunas figuras que de repente miraban por los recovecos de las

Don Bosco plantó en Italia las primeras raíces para establecer la enseñanza básica y media.

ventanas. Entonces el sacerdote insistió:

-Estamos empapados por la lluvia; no queremos hacerles ningún daño... ¡Vengan a cuidar su pan, que se va a chamuscar!

Después de mucho rogar, los campesinos entreabrieron la puerta, lo suficiente para poder espiar al exterior, y se asomaron unos hombres armados de cuchillos, horcas y hoces, y preguntaron de quienes se trataba.

-Soy un pobre sacerdote, y éste que está a mi lado es un amigo mío. Íbamos a Ponzano, pero desgraciadamente nos hemos perdido. Pueden estar tranquilos, no queremos hacerles daño.

En ese momento cesó el temporal y con cierto recelo los hombres se fueron acercando a los forasteros para entablar una conversación en torno al horno.

-¿Por qué se asustaron tanto? –preguntó el santo al hombre que se negaba a dejar su arma de lado.

-Estos lugares están infestados de asesinos. Sólo anoche mataron a un hombre de la aldea.

-¿Y no hay guardias?

-Hay guardias que recorren los campos, pero no han podido dar con los malhechores.

Para dar con el camino a Ponzano, Don Bosco les pidió encarecidamente que les acompañaran, pero éstos se negaron. También les pidió una muda de ropa para él y el muchacho, pues su sotana chorreaba de agua y sentía un frío que le calaba los huesos. Esta vez también se excusaron por ser pobres y estar asustados. Les recomendaron, sí, que cerca de allí vivía un hombre rico, quien podría proporcionarles ropa y comida.

Algunos procedieron a acompañarlos, siempre temerosos, y llegaron hasta un castillo que dominaba el poblado desde lo alto de una colina. Un macizo murallón de entrada protegía la residencia, más dos feroces perros que con sus ladrillos contuvieron a la comitiva. Desde allí Don Bosco anunció su llegada, hasta que finalmente salió del interior un tal señor Moioglio, que acalló a los perros e invitó al grupo a ingresar al interior de su casa, dispensándoles una grata y cariñosa acogida.

Aunque la noche estaba muy avanzada, había en el salón unos cuantos amigos del dueño de casa, que los interrogaron para saber de quiénes se trataba y de dónde provenían. Al enterarse que tenían amistades comunes, el señor Moioglio se apresuró a quitarles las ropas mojadas y cubrió a Don Bosco con su propia capa. Además, mandó a preparar una buena cena para que recuperasen las fuerzas perdidas. Al concluir la cena, el hombre le comentó que tenía una capilla en el castillo y le pidió que se quedara para oficiar al día siguiente una misa. Le dijo:

—Será un regalo para mi señora, que es muy devota y gusta mucho de las cosas de Iglesia.

El cura accedió con mucho gusto a la petición, y rendido de cansancio se fue a dormir, igual hizo el muchacho. Al alba la campana del castillo tocó a misa y la gente de los caseríos vecinos acudió a ella. Fue la oportunidad en que el clérigo conoció a la gente de esa localidad e hizo amistades que le serían muy útiles a su causa en el futuro. El rico les acompañó más tarde un buen trecho de camino hacia Ponzano, despidiéndolos con especial sentimiento.

En Ponzano le esperaban su antiguo maestro, don Lacqua; Mariana, la hermana de su madre y el párroco de la localidad. Al contar su singular aventura, Don Bosco no dio a entender nada de los peligros y de las molestias sufridas. Las contrariedades de todo género las convirtió en motivo de broma y de alegres recuerdos.

La paciencia y la tranquilidad de ánimo eran su eterna característica. Su noble corazón no olvidaba jamás un beneficio recibido. Su generosidad no dejaba nunca sin una recompensa las molestias, incomodidades y gastos hechos en su favor. Aquí compraba un libro, allá adquiría un litro de vino o un kilo de trigo; a unos regalaba alimentos u objetos de devoción, a otros mandaba lo que su madre había logrado sacar del corral o del huerto, o lo mejor que a él le habían regalado.

A las personas de servicio no les escatimaba jamás una propina, dejándosela al marchar en una mesita, diciéndole a quien le preguntara confidencialmente la razón de su proceder: "No es justo que quede sin recompensa el que ha tenido que hacer por causa nuestra un trabajo extraordinario". Tampoco dejó pasar aquel otoño sin visitar al sacristán mayor de la catedral de Chieri, don Carlos Palazzolo, que celebró su primera misa el mismo día que él y a quien ayudó a aprender latín.

Mientras estuvo en el seminario, Palazzolo acudía para recoger los apuntes de filosofía y teología que él le entregaba escritos con todo esmero y calidad en dos o tres hojas. El discípulo aprendía de memoria sus escritos, los repasaba una tras otra, y luego se presentaba a los exámenes ante los profesores del seminario, siempre con muy buenos resultados.

Además de ayudarle en los estudios, Don Bosco le procuró un subsidio de mil liras, de una persona caritativa. El día de su ordenación sacerdotal le exhortó, como hizo con los demás compañeros, a pedir al Señor en la primera misa la gracia que más deseara, asegurándole que ciertamente la obtendría. Don Palazzolo siguió yendo al Oratorio de Don Bosco para repasar la teología moral, y nunca perdieron contacto entre ellos.

Fue éste un santo sacerdote que trabajó con celo y gran fruto en el tribunal de la penitencia, y durante algún tiempo asumió como Rector del Santuario de San Pancracio, en Pianezza. A Don Bosco le debía esta gran suerte. Vivió hasta 1885, alcanzando casi los noventa años.

Refugio y trabajo

En mayo de 1847 el noble sacerdote inicia una nueva dimensión en el Oratorio. Hasta entonces los muchachos tenían que buscar por su propia cuenta dónde dormir. Muchos lo hacían en la calle, arrimados a alguna puerta; otros buscaban galpones que los protegieran de los rigores del clima. Fue un joven de 14 años, llamado Alejandro Percamona, quién, pidiéndole a Don Bosco que le diera un refugio, le inspiró la idea de crear un internado. La Mama Margarita, como ya le decían los jóvenes del Oratorio a su madre, fue pieza clave para el desarrollo de esta otra obra, llevándola adelante con su hijo.

El empuje con que el fraile asumió el nuevo refugio deterioró su salud al punto que estuvo en las puertas de la muerte. Se le atribuía una enfermedad al pulmón, heredada de la descendencia paterna de su madre, pero esto nunca se confirmó por el atraso en que estaba la medicina. La comunidad juvenil se reunió a rezar por su restablecimiento y otros tantos hicieron cadenas de oración para evitar el trágico desenlace de este hombre que ya estaba en la categoría de santo.

Sin explicación científica, Don Bosco se recuperó en pocos días de manera extraordinaria. Muchos lo atribuyeron a las oraciones que se le ofrendaron. Recuperado ya, el oratorio pasó a ser un espacio donde los niños y jóvenes podían aprender un oficio útil, asistir a sacramentos y disponer de un patio para jugar sanamente. No obstante, insatisfecho aun de su obra, se dedicó a visitar fábricas e industrias a fin de verificar que sus muchachos no fuesen victimas de explotación en los lugares donde les había conseguido un trabajo digno. La gente no estaba muy convencida de eso.

-¡Nunca conseguirá que no exploten a sus muchachos! En pagar poco y que rindan mucho, ahí está su negocio –le dijo una anciana que había seguido de cerca su obra.

-No sea usted tan pesimista, doña, porque cuando yo les hablo a los jefes y dueños de las industrias, ellos entienden que la mejor forma es tratarlos bien y de manera justa. De ese modo los chiquillos se esmeran por hacer un buen trabajo.

Esas "conversaciones" consistían en que los empleadores suscribieran con él algunos tratados que garantizaran los derechos de sus jóvenes trabajadores, dejando atrás la explotación que muchos hacían aprovechando la corta edad que tenían. Estos acuerdos constituirían un anticipo de lo que se conocería más tarde como la "legislación laboral internacional".

Desde el principio Don Bosco puso en el centro de su obra la figura de San Francisco de Sales como modelo de amabilidad, dulzura y espiritualidad religiosa. Guiado por el santo, organizaba retiros espirituales, que eran como picnics campestres, en los que participaban sus pequeños obreros con gran alegría. Como eran tantos, los retiros los dividía por edades y con turnos.

Varios de los jóvenes que se habían instalado en las instalaciones tenían un concepto errado de lo que significaba la auténtica vivencia de la fe en Dios y el tipo de sacrificios que debían hacer por Él. Uno de ellos era Domingo Savio, que creía que haciendo expiaciones dolorosas conseguiría ganarse el Cielo. Pese a los consejos y prohibiciones claras que les entregaba Don Bosco, en una ocasión descubrió que Domingo dormía en pleno invierno sólo con la colcha. Le preguntó:

—¿Por qué haces esto? ¿Quieres morirte de frío o enfermar?

—No moriré de frío porque cuando el niño Jesús nació en Belén estaba descubierto, igual que cuando después estuvo en la cruz.

El joven Savio había tomado esos sucesos literalmente, y creía que tratando de igualarlos sería una mejor persona. Entonces el cura le prohibió formalmente hacer cualquier penitencia sin su permiso. El joven no había entendido que la penitencia a la que se refería el padre era un acto o acción que la persona arrepentida debía hacer para manifestar exteriormente su arrepentimiento, o bien para reparar el daño causado. Por eso la explicación de su mentor la sintió el joven como una reprimenda que lo mantuvo triste todo ese día. Al darse cuenta de su actitud, Don Bosco le aclaró suavemente:

—La penitencia que el Señor quiere de ti es la obediencia. Obedece y con eso será suficiente.

Al escuchar su explicación, Domingo le insiste:

—¿De verdad que usted no me permitirá ninguna penitencia?

—Te permito la penitencia de soportar con paciencia los insultos con que te ofendan, aceptar con resignación el calor, el frío, el viento, la lluvia, el cansancio y todas las incomodidades de la salud que Dios te mande. Eso te permito.

—Pero esas cosas se sufren por necesidad...

-Lo que tengas que sufrir por necesidad, ofréceselo a Dios, y se convertirá en virtud y mérito.

Con semejante claridad, no volvió a sorprender a Domingo Savio haciendo sacrificios planeados que no se practicaban en su apostolado. Él quería educar a sus chiquillos por el camino honesto, a comprometerlos con Dios y obrar en la ayuda al prójimo. Esa era su obra, no el sacrificio autoflagelante.

Ese mismo año Don Bosco elaboró el primer reglamento

del Oratorio en que consideraba los derechos y deberes de los jóvenes. Además, a las instalaciones existentes se fueron sumando tempranamente nuevas construcciones, como una nueva capilla, más grande y cómoda.

Cinco años más tarde el religioso creó nuevos talleres de artes para diversificar los oficios en que se capacitaban los chiquillos. Esta vez obtuvo el concurso de buenos instructores para abrir los talleres de calzado, sastrería, carpintería, imprenta y metalística. Los internos que allí mantenía eran poco más de 300 y los del Oratorio alcanzaban a casi 800, una cifra descomunal.

Los obstáculos políticos

En el Oratorio, Don Bosco y otros frailes impartían clases sobre los buenos hábitos y conductas religiosas. Pero en 1869, con la difícil situación que enfrentaba Italia por el avance del nacionalismo, este hecho incidió para que los seminarios fueran cerrados. No pocas veces el Arzobispo de Turín fue exiliado y las órdenes religiosas perseguidas.

Un gobernador declarado anticlerical, Urban Ratazzi, ya había hecho aprobar una ley mediante la cual suprimía 35 órdenes religiosas, clausurando 334 casas religiosas, disgregando a 5 mil 456 sacerdotes y privándolos de sus derechos civiles. Además, el Estado exigía el derecho de elegir al obispo.

Lo más sorprendente era que la autoridad que imponía este rigor fuera el mismo Ratazzi, que aconsejara a Don Bosco a cómo fundar su Congregación para que no se enfrentara con la legislación civil. Ese detalle, sumado al sólido prestigio que su obra había ganado entre las autoridades civiles, por el tipo de trabajo relacionado con la promoción social de jóvenes marginales, permitió que su Oratorio fuera el único que permaneciera abierto y se convirtiera en un oasis para la Iglesia.

La Casa Pinardi –como se le llamaba-, centralizaría

el desarrollo del apostolado de Don Bosco, y Valdocco se convertiría en un lugar de fama mundial al asociarse con el tiempo el nombre de grandes personalidades de la misión salesiana.

Era tal el número de vagabundos y huérfanos que proliferaban por las calles de Turín, que el santo se atrevió a dar otro osado paso para aplacar la miseria que afectaba a su tribu: abrió un segundo y luego un tercer apostolado. Al segundo lo llamó el Oratorio San Luis, que instaló en Porta Nova, y al tercero lo designó como El Ángel Guardián, en la ciudad de Vanchiglia.

Al construirlos, la primera obra fue levantar la capilla y luego le siguieron los talleres de artes y oficios para continuar entregando conocimiento y desarrollo honesto en sus vidas. Pero también dio otro gran paso al instaurar las primeras clases de educación básica y media, con ayuda del seminarista Francesia, otro de sus fieles colaboradores.

Entre los servidores de Jesús con que se relacionaba Don Bosco estaba el jesuita José Benito Cottolengo, siempre preocupado de asistir a los discapacitados físicos y psíquicos que se mantenían en el desamparo. El padre Cottolengo tenía una gran sabiduría y por cuya sapiencia el fraile iba a menudo a su despacho a pedirle consejo. Una de esas veces le dijo:

-Tengo un serio dilema para el que necesito un consejo suyo.

-Usted sabe que esa es nuestra labor, hermano.

-¿Qué remedio debo recomendar a las personas que me vienen a contar que están aburridas de la vida? ¿Que están desesperadas y de mal genio por la pobreza y las enfermedades?

-Mire Don Bosco, el mal del aburrimiento y la desesperación es el mal moderno más común de todos. Para combatirlo nos ha mandado Dios un gran remedio, siempre antiguo y siempre nuevo: pensar en el Cielo que nos espera. No olvide nunca que un pedacito de Cielo lo arregla todo.

Su madre Margarita fue su gran inspiradora para su obra humana y educativa.

Salió el cura de su oficina a poner en práctica el consejo del popular apóstol, y pronto empezó a notar los maravillosos cambios que se registraban en las personas. Para los que llegaban a su despacho malhumorados, sin saludar a nadie, les recordaba que con un pedacito de Cielo se arreglaba todo. A otros, consumidos por la tristeza y carcomidos por la angustia, les hablaba de que hay que vivir como resucitados, con la alegría del Cielo que nos espera. A veces les añadía cómo era posible gozar de la alegría en plenitud a pesar de todos los males de la Tierra.

Sus palabras repercutían fuertemente en los oídos de los agobiados y obraban milagros de sanación, sin píldoras ni otros medicamentos. Les hacía cambiar el semblante y marcharse con un espíritu renovado. No se permitía, sin embargo, que los problemas síquicos de otros perturbaran el entusiasmo y empuje que entregaba a los jóvenes. Tenía muy claro hacia adónde apuntaba su conducción.

Como el sacerdote era muy exigente con la calidad de lo que emprendía, en poco tiempo su escuela sobrepasó en rendimiento y calificaciones a los otros establecimientos de educación primaria de la región. Tal fue el éxito de su enseñanza –los cursos estaban copados-, que un conocido profesor universitario de Turín alabó en la columna de un periódico la excelencia estudiantil y las exigencias de su obra. Decía el artículo: "En las escuelas de Don Bosco usted tiene que estudiar, realmente estudiar".

A medida que su obra iba consolidando su ascendencia, muchos seminaristas diocesanos y religiosos fueron enviados allí a seguir sus estudios de formación sacerdotal. Un total de 34 jóvenes sacerdotes fueron formados inicialmente por el propio Don Bosco para la Arquidiócesis de Turín. (Según estadísticas del tiempo, éste daría a la Iglesia un total de 2 mil 500 sacerdotes. Otra fuente, en cambio, señala que fueron 6 mil en el lapso de 34 años).

Si bien el clérigo salesiano era un sacerdote diocesano, comenzó a desarrollar la idea de organizar una comunidad religiosa que pudiera continuar su misión. Pero semejante plan era adverso en una época en que se agudizaba la lucha entre el poder del Estado y de la Iglesia. Por lo mismo, los inicios de su Congregación Salesiana no fueron fáciles y le trajeron serios problemas, especialmente por conseguir la aprobación definitiva.

Recordando el consejo que le diera años antes el gobernador Urban Ratazzi, Don Bosco constituyó una sociedad clerical, de ciudadanos libres, que en lo religioso dependiera de la Iglesia y en lo social fuera de libres ciudadanos. Por tal razón la Congregación Salesiana que él ideara tiene elementos que no entran en conflicto con la sociedad civil y que serían claves en la expansión del carisma en los cinco continentes durante las siguientes décadas.

Es por ello que el nombre oficial de los salesianos es «Sociedad de San Francisco de Sales». Pero debió seguir cuidando los apelativos para no entrar en desgracia ante la autoridad. Durante el nacionalismo italiano, Don Bosco evitó llamar a los laicos consagrados como Fray o Hermanos para denominarlos simplemente como "Señor", y no les puso hábito distintivo. En la organización de la autoridad religiosa no llamó a los superiores como Prior, Provincial o Superior General, sino Director, Inspector y Rector Mayor, y no hablaba de Convento y Provincia, sino de Casa e Inspectorías, entre muchas otras particularidades que son términos civiles más que religiosos.

———

Entre la intensa actividad que desplegaba Don Bosco, fue un día a la fiesta de San Benigno en Lavriano para efectuar una prédica. Como era día de fiesta y tenía que celebrar la santa misa, le complicaban los horarios tan cercanos. Enterándose de que ambas ceremonias se celebraban a distancia, un terrateniente le ofreció un caballo para que llegara a tiempo al sermón.

En su autobiografía recuerda el sacerdote que "hice la mitad del camino trotando y galopando, y en los momentos en que llegaba al valle de Casal Borgone, entre Cinzano y Bersano, se levantó de improviso una bandada de pájaros, cuyo vuelo y chirridos espantaron a mi caballo, que se lanzó a todo correr por caminos, campos y praderas. Me sostuve por un tiempo en la silla, más, al darme cuenta de que el aparejo resbalaba hacia el vientre del animal, intenté una maniobra de equitación, y el mismo sillín, al resbalar, me tumbó y fui a caer de cabeza sobre un montón de piedras afiladas".

Un hombre que desde la colina contemplaba la desgraciada escena acudió con el criado en su ayuda. Al verlo sin sentido lo trasladó a su casa y lo acomodó en la mejor cama que tenía. Le prodigó los más caritativos cuidados y al recobrar el cura el conocimiento se dio cuenta que estaba en casa ajena.

—No se preocupe —dijo el dueño—, aquí no le faltará nada. He mandado llamar al médico y un muchacho ha salido tras su caballo. Soy un campesino, pero dispongo de todo lo necesario. ¿Se siente aún mal?

—Dios pague su caridad, amigo mío —le respondió él—. No creo que sea nada grave, tal vez una fractura en el hombro. No puedo moverlo. ¿Pero dónde estoy?

—Está usted en la colina de Bersano, en casa de Juan Calosso, apodado el Brina, su humilde servidor. También yo he rodado por el mundo y he necesitado de los demás. ¡Cuántas peripecias me han sucedido yendo a ferias y mercados!

—Por favor, cuénteme alguna mientras esperamos al médico.

—No está demás que le cuente una. Hace ya algunos años, por otoño, fui yo con mi borriquilla a Asti para comprar provisiones para el invierno. De vuelta, al atravesar los valles de Murialdo, mi pobre animal, demasiado cargado, cayó en un cenagal y se quedó inmóvil en mitad del camino. Todos mis esfuerzos para levantarlo resultaron inútiles. Era ya la medianoche y hacía un tiempo oscurísimo y lluvioso. No sabiendo cómo apañármelas me puse a gritar y a pedir auxilio. Al cabo de unos minutos me respondieron desde un cercano caserío. Vinieron un seminarista, un hermano suyo y otros dos hombres con hachas encendidas. Me ayudaron a descargar a la borrica, la sacaron del fango y me llevaron con todas mis cosas a su casa.

—¿Estaba muy mal?

—Estaba yo medio muerto y todo lo mío lleno de barro. Me

La disposición de Don Bosco era admirable. Confesaba a sus chiquillos en cualquier lugar o circunstancia.

limpiaron, me ofrecieron una cena suculenta y me proporcionaron una cama comodísima. A la mañana siguiente quise, antes de marchar, pagarles como era justo, pero el clérigo lo rechazó diciendo: "Puede que mañana le necesitemos nosotros".

En esa parte de la narración, Don Bosco se conmovió y comenzó a sollozar. Al ver su actitud, el hombre le pregunta alarmado:

-¿Se siente usted muy mal?
-No, estoy bien. Es que su relato me emociona. ¿Recuerda cómo se llamaba esa familia?
-Era la familia Bosco, vulgarmente llamada los Boschetti. Uno era seminarista. ¿Los conoce usted?
El cura ya había empezado a recordar.
-Amigo mío, aquel seminarista es este mismo sacerdote que está aquí ahora y a quien usted devuelve mil veces más de lo que él hizo. Es el mismo que usted ha traído a su casa y ha puesto en esta cama. La Divina Providencia ha querido enseñarnos de esta forma que el que bien hace, bien encuentra.

Es fácil imaginar la sorpresa y alegría del campesino y del clérigo al ver cómo en la desgracia Dios los había vuelto a reunir. La esposa del hombre, su hermana y todos sus parientes y amigos se alegraron inmensamente al saber que tenían en casa a tal ilustre huésped, de quien tantas veces habían oído hablar. No hubo atención que no se le prodigara. Al poco rato llegó el médico y comprobó que no había fracturas. Dos días más tarde, Don Bosco se recuperó de las heridas y pudo volver a su pueblo con el caballo que también fue encontrado. El Brina le acompañó hasta su casa, y mientras vivió, conservaron una expresiva amistad.

Después de aquel encuentro el santo Bosco tomó la firme resolución de preparar sus sermones pensando en la gloria de Dios y no para lucir su sabiduría y oratoria. Fiel al cumplimiento de sus promesas, Dios le había transmitido "dichoso el que cuida del débil y del pobre. En día de desgracia le libera, le guarda y no le abandona al ansia de sus enemigos". Él había constatado su promesa en carne propia.

La familia de mama Margarita fue siempre generosa y hospitalaria con todo el que pasaba necesidad. Hasta en sus momentos más pobres en la casa de IBecchia, ningún pobre se retiró de su puerta con las manos vacías; ninguno llegó a su casa a la hora de comer, que no fuera invitado a sentarse a la mesa, con insistentes y cordiales maneras. Pero, a cambio, experimentó en más de una ocasión la liberalidad de Dios, que le recompensaba cuánto hacía por los pobres.

Las niñas salesianas

No sólo los chiquillos formaron parte de su fuerza apostólica, también lo hicieron las niñas, que en su tiempo eran igualmente numerosas en orfandad. Gracias a un sueño en el que la Virgen María le pide interesarse también por las muchachas, Don Bosco ve la oportunidad de hacer ese sueño realidad cuando conoce al padre Pestarino, quien le habla de María Dominga Mazzarello, una muchacha de su parroquia, de Mornés, que demuestra una gran devoción y carisma por las jóvenes más necesitadas.

-Usted ha aprendido solitariamente a cómo sacar a los niños de la pobreza y convertirlos en seres útiles y devotos. Yo creo que las niñas pobres también están clamando por lo mismo. ¿Se atreve? –lo desafió Pestarino.

Él se sorprende ante el reto, y le responde:

-Quisiera conocer a María Dominga, si es que usted me consigue un encuentro con ella, y allí veremos qué se hace.

El 8 de octubre de 1864 Don Bosco se encontraría con la joven Mazzarello y de dicho encuentro brotaría la fundación del instituto de hermanas que haría de los dones salesianos una oportunidad también para las jovencitas. En su mayoría se trataba de niñas de entre 10 y obreras de 16 años que estaban faltas de orientación espiritual, alimentos, educación y de un lugar donde vivir. De esa forma nacerían los hogares que Don Bosco funda con los nombres de "Las Hijas de María Auxiliadora" y "Madre Mazzarello", donde junto a la monja acoge a las niñas, las orienta y enseña las materias básicas y oficios en dos internados.

La monja María Dominga sería la primera Superiora General de los dos hogares, desde el 29 de marzo de 1872 hasta su prematura muerte en 1881. Su gran sencillez y su vida consagrada a la formación de la versión femenina del sistema preventivo de Don Bosco fueron los afanes que le abrieron a ella las puertas a la santidad, virtudes reconocidas por la Iglesia Católica en 1951.

La fundación de las salesianas fue una respuesta pastoral del clérigo a la necesidad de muchas jóvenes obreras o necesitadas. Ellas vivían las consecuencias de la revolución industrial, en el Piamonte del siglo XIX, a lo que la Madre Mazzarello dedicó a desarrollar su sabiduría con notable empeño. La Congregación de Don Bosco terminó recibiendo la aprobación de S.S. Pío IX, lo que le permitió extender sin restricciones la fundación de varias casas salesianas.

Vale recordar que primero lo hizo en Piamonte –donde había nacido- y continuó por Cherasco, Alassio, Valsalice y Vallecrosia. En Valsalice debió enfrentar los reclamos y agitaciones de la comunidad por la construcción del hogar, al acoger a muchachos de malas costumbres sindicados como indeseables. El propio sacerdote cuenta cómo en esas situaciones fue defendido por su perro Gris, a quien llevaba a todas partes. "Era un fiel amigo, y tenía una increíble percepción para ladrar o amenazar con sus colmillos a quien tuviera malas intenciones conmigo", cuenta.

El primer país extranjero en recibir a los salesianos fue Francia, que autorizó la construcción y fundación de establecimientos en Niza (1875), Marsella (1878) y París (1884). Para enero de 1863 se habían establecido 39 hogares y colegios salesianos, 80 en 1865, 320 en 1874 y 768 en 1888.

Profundamente sensible por las culturas extranjeras, el santo dominaba además de su lengua natal el piamontés, el italiano, español, francés e inglés, además de las lenguas clásicas del griego y del latín. Informándose acerca de la carencia de enseñanza y valores cristianos que había en Sudamérica, envió el 11 de noviembre de 1875 la primera expedición hacia el Nuevo Mundo. Sus representantes viajaron en una embarcación que atravesó el Mediterráneo, el Pacífico y el Atlántico.

El primer desembarco fue en Argentina y sus primeros misioneros procuraron ubicarse en las zonas de mayor conflictividad social, emprendiendo servicios de promoción integral para los niños y jóvenes de todo el país. Así surgieron escuelas agrotécnicas e industriales, de formación profesional y capacitación general; centros de misión en la Patagonia para atender las diversas etnias, hospitales, escuelas, casas de niños en dificultad, actividades de prevención y propuestas para el tiempo libre.

La obra salesiana en Argentina es inmensa hoy con la instalación de 96 casas, 479 parroquias y capillas y un número de 85 mil alumnos en escuelas, 9 mil docentes y más de medio millón de ex alumnos. A esto se suman más de 100 publicaciones digitales y en papel que la congregación mantiene en sus sitios institucionales.

Don Bosco envió ese mismo año a la Patagonia a don Juan Cagliero como encargado de la expedición y quien llegaría a ser el primer obispo salesiano. En 1876 enviaría una expedición a Uruguay bajo la dirección de monseñor Luis Lasagna, que sería conocido como "el obispo misionero", pues desde allí extendió la obra salesiana a Paraguay y Brasil.

Más tarde Don Bosco dirigiría expediciones similares a Chile y Ecuador, y una vez fallecido, su obra religiosa y educativa se extendería a todos los países de América Latina.

En Chile existen 22 colegios salesianos en distintas regiones, 18 capillas y parroquias y numerosos centros juveniles y adultos entre salesianos consagrados (hombres y mujeres), voluntarios de Don Bosco y María Auxiliadora; cooperadores, misioneros, damas salesianas, comunidad, centros culturales y deportivos.

En diciembre de 1877 llegó a Uruguay la primera expedición misionera de las Hijas de María Auxiliadora, instalándose en la Villa Colón de Montevideo. Por la devoción que los salesianos inculcaron por María Auxiliadora, en todos los países se abrieron hogares y escuelas de Don Bosco y que dio surgimiento a numerosos santuarios, entre los cuales el más célebre es el de la Basílica de María Auxiliadora en Turín.

Desde 1875 hasta el año de su muerte, Don Bosco envió 10 expediciones misioneras a los distintos continentes y a 150 salesianos como misioneros.

Sus dolores

Durante su extensa obra, Don Bosco debió sobrellevar muchas enfermedades, padeciendo en silencio la mayoría de las veces. Cuando estuvo a punto de morir, en 1847, escupía sangre, por una probable enfermedad pulmonar, y con frecuencia sufría de problemas oculares que le hacían difícil ver con claridad. También padecía de hinchazón en los pies y en los tobillos y tenía agudas palpitaciones cardíacas e intensos dolores de cabeza.

Lo que más afectaba a su vida diaria era un persistente dolor al sacro (conjunto de cinco vértebras que componen el hueso triangular que está unido al hueso de la cadera). Ese dolor le impedía estar sentado o de pie. Un médico de Marsella, que le hizo un profundo análisis cuando cumplió 65 años, dijo: "El padre tiene un cuerpo que es como un paño imposible de remendar".

El escritor francés Georges Lairesse describe a Don Bosco como "hombre de gran personalidad, de carácter voluntarioso, sensible a los problemas de la juventud de su tiempo, trabajador incansable y audaz que vivió la pedagogía del amor". Asegura que fue un pedagogo práctico, uno de los grandes educadores de la historia. "Si educar es cosa del corazón, pocos llegaron al corazón de los jóvenes, sobre todo, de las clases populares, clases humildes y abandonadas, como lo consiguió él".

En la época posterior aparecieron numerosas revistas relatando sus proezas de niño.

Él creo en una época difícil y violenta un nuevo tipo de sacerdote y educador, viviendo en medio de los jóvenes, estando con ellos en la clase y en el patio, participando de sus preocupaciones y de sus alegrías. Se dio cuenta de que, para ganarse el corazón de los muchachos era necesario acercarse a ellos, interesarse por sus cosas, "amar lo que ellos aman", por eso se esforzó en convertir sus escuelas en casas, en una familia, donde se fomentaban las relaciones de familiaridad y la confianza.

Al final de su vida Don Bosco escribía: "Hace cerca de 40 años que trabajo con la juventud y no recuerdo haber impuesto castigo de ninguna clase. Con la ayuda de Dios he conseguido no sólo que los alumnos cumplieran con su deber, sino que hicieran sencillamente lo que yo deseaba. Me estoy refiriendo a los mismos niños por los que no daban ninguna esperanza de feliz éxito."

Siempre creyó más en el premio que en el castigo. En el cuaderno que tenía para las orientaciones, escribió: "La alabanza cuando se obra bien y la corrección en los descuidos, constituyen de por sí premio o castigo". Había aprendido en la escuela de San Francisco de Sales que "se cazan más moscas con una gota de miel que con un barril de vinagre".

Él fue significativamente original en la utilización de recursos educativos en su trabajo con la juventud. Herramientas importantes en su obra fueron la música instrumental y coral, los paseos y excursiones, los deportes, el teatro infantil y la utilización de la imprenta. En forma entusiasta hizo uso de los medios de comunicación social de su tiempo, con una mentalidad progresista. En la actualidad la congregación salesiana opera 43 emisoras de radio y televisión en diferentes países del mundo.

El 1 de abril de 1934, a tan sólo 46 años después de su muerte ocurrida en 1888, Don Bosco fue declarado santo por el Papa Pío XI y le fue dado el título de "Padre, maestro y amigo de los Jóvenes" por el Papa Juan Pablo II.